村上正邦
平野貞夫
筆坂秀世

自民党はなぜ潰れないのか

激動する政治の読み

幻冬舎新書
066

自民党はなぜ潰れないのか／目次

第三章　小沢一郎と政界再編へのシナリオ　147

ナベツネの働きかけによる党首会談

筆坂　福田総理、小沢代表の党首会談とその後の代表辞任騒動には驚かされた。これまで小沢さんが言ってきたこと、やってきたこととの辻褄《つじつま》が合わなすぎると思うんです。

村上　そのとおりだね。それにしても因縁とは本当に不思議なもんです。つい二カ月ほど前には、安倍前総理が敵将である小沢さんに党首会談を拒絶されたことを理由に退陣表明するという大失態を犯した。安倍前総理のときには、党首討論などオープンな場でやればよいと言って拒否した小沢さんが、今回は、一国の総理が会いたいと言えば断ることはできないと記者会見で言って、福田総理の会談要請には応じた。しかも二人だけの密室協議だ。アメリカ大使と会ったときも、オープンにやっている。密室はいかんと言ってきた小沢さんが密室協議に応じた。そして今度は、その小沢さんが辞意表明、そして翻意という大失態を演じてしまった。私に言わせれば、小沢さんの独り相撲です。こんな茶番劇を繰り返していては、国民の政治不信を深めるだけですよ。

プロローグ　緊急鼎談

平野　安倍の場合は党首会談じゃないんですよ。親父のつもりで小沢に甘えたかったんだから。あれは党首会談じゃないんです。今回は、読売新聞のナベツネ（渡邉恒雄）が動いたからなんですよ。

村上　しかし、こういうことを言論界の人間、新聞社の会長がやることではないですよね。私も渡邉さんとは昵懇《じっこん》の仲です。たしかに国のあり様を真剣に憂いておられることや識見の高さもよく知っています。常日頃からその卓見を拝聴してきたものです。幸い渡邉さんは、大新聞の会長なんですから、その土俵で国民を啓蒙していただきたい。我々もその憂国の言論には耳を傾け、みずからの血となし、肉としていくことにやぶさかではありません。しかし、一部の政治家やマスコミ人が陰で蠢《うごめ》いて大連立をつくろうなどというのは、やはり民意への挑戦と言わざるを得ません。そうでしょう。民意は、参議院選挙で民主党を第一党にしたんですよ。これは、次は総選挙で政権交代だという小沢さんの主張が支持を得たからなんですよ。大連立というのはこの民意を否定することなんですよ。こんな権謀術数を弄することはやめるべきです。

筆坂　村上さんが言われるように、巨大メディアがこういう露骨な動きをするというのは、大問題ですよ。驕《おご》りを感じますし、メディアの自殺行為ですよ。ただ世論は、今回の動きにものすごく批判的だったでしょう。世論の方がはるかに健全で、賢明だったということですよ。
　最初に働きかけたのがナベツネだったこと、首相の代理人として動いたのが森元首相であったことがあきらかになっていますが、いったい誰がどう動いたのか、福田総理も真相を語るべきですよ。

村上　森元総理の名前が出ましたが、森さんと小沢さんも因縁浅からぬものがあるんですよ。小沢さんは田中角栄、森さんは福田赳夫、つまり角福の愛弟子なんですよ。細川政権で小選挙区制を導入するとき、最後は細川総理、河野洋平自民党総裁のトップ会談で決着をつけるのですが、これを裏方として段取りをつけていったのが自民党幹事長だった森さん、細川連立政権の中核にあった新生党代表幹事の小沢さんなんですよ。さらに小渕内閣のときに自自連立が解消された二日後に小渕総理が急逝しますが、このときも自民党幹事長は森さん、自由党党首は小沢さんだった。ですから森さんを総理の代理人にしたというのは、そういう因縁を知っている人なんですよ。

それとね、僕は、まだ小沢さんが語っていないことがあると見ています。その一つが公明党ですよ。かねがね小沢さんは、自民党と公明党の連立内閣を潰そうという魂胆を持っていた。新進党の頃から小沢さんは、公明党を連立政権に入れてはいかんと言っていた。ですから今回、大連立構想に乗っかった理由の一つに自公体制を攪乱《かくらん》するという狙いがあったと思う。

もう一つが、「庇《ひさし》を借りて母屋を取る」ということですよ。

平野　良い表現だ。言い換えれば「虎穴に入らずんば虎児を獲ず」ということ、つまりポリテイカルパラドックス（政治の逆説）なんですよ。連立を狙って政策協議をやれば必ずつく話とつかない話が出てくる。民主党の政策が実現すれば民主党の成果になる。実現しなければ、国民の生活に関わる大事な問題を自民党が壊したと選挙で使える。これを狙った。だからいったん連立することは政権交代するための方法なんです。それをうまく通訳する人間がいなかった民主党の問題もある。

筆坂　連立を組んだ相手と選挙になれば敵になって戦うなどという器用なことが現実問題としてできますかねえ。要するに政界再編にらみということだったのだと思いますが、それはナベツネが投げた餌ではなかったんですか。

村上　そうだと思う。平野さんが言われたように、参議院選挙で大勝利をおさめた小沢さんは、その力を背景にして「虎穴に入らずんば虎児を獲ず」という心境で鋭い切っ先を突きつけて福田総理と直談判し、政界再編の主導権を掌握しようという秘めた決意があったんだと思いますよ。参議院選挙で大勝利を収めたので、民主党内での小沢さんへの信頼は急速に強まっていた。それがあったもんだから、みんな自分についてくると思っていたんですよ。ところが党首会談で福田総理と話し合った大連立も、政策協議も、持ち帰ってみると自分が選んだ役員全員に拒否されてしまった。やはり驕り、過信があったんですよ。

戦いというのは、むずかしいものでしてね、勝ち過ぎたときこそ恐いんです。みずからを律して謙虚に、慎重にならなければいかんのですよ。大事の前の隠忍自重が必要なんですよ。義経が戦に勝ち続けた結果、頼朝の警戒心、猜疑心を呼び起こし、また義経自身も時代の流れが見えなくなってしまった。その結果、悲劇的な結末を迎えてしまったという歴史の教訓に学ぶべきなんです。

　それと小沢さんというのは政権中枢にあった人です、政権の裏も表も、その強さも知り尽くしている。ところが民主党の役員たちは野党として批判政党に甘んじてきた人たちなんです。そこにはどうにも乗り越えられない政治哲学の乖離がある。その読み違えが無惨な結果を招いてしまった。

筆坂　「過ぎたるは及ばざるが如し」ですかね。小沢さんは不器用で説明不足だったと反省していましたが、これだけの大問題なんですから、少なくとも鳩山幹事長、菅代表代行ら幹部に対して話をつけておくべきだったでしょう。大連立は無理だが、落としどころは政策協議だと。

平野　そこがとても重要なところなんです。小沢は菅や鳩山、輿石代表代行に話をしているんです。そうしたら鳩山と菅が「小沢総理ならいいではないか」と、そういう物言いをした。そんなことはできないけど、これなら政策協議くらい彼らも協力してくれると、小沢は読んだわけですよ。

筆坂　そういう読みがあったんだ。たしかに鳩山が、前日か前々日に演説で、「小沢さんを総理にするというんだったら受けてきてください。それ以外だったら駄目ですよ」と語っている。

村上　小沢さんとしたら自分が選んだ役員に否定されたということは、自分への不信任だと受け取ったわけだが、まったくそうだと思うんですよ。せめて大連立は別にしても、政策協議について党首として持ち帰ってきたのだから、協議するという一点についてはやりましょうと、なぜ一人くらいは言わなかったのか。協議も、持ち帰ったこと自体もけしからんということになれば、小沢は俺の心がわからんのかということになって、「次期総選挙で民主党が勝つのは厳しい。力量不足だ」というあの捨て台詞になるわけですよ。小沢さんが言うのもわかるね。

それにしても平野さんがこんな大事なことをまったく知らなかったという。電話かなにかあっただろうと、今日お会いして話を聞くのを楽しみにしていたんだけどね。

福田と小沢の意外な共通点

平野　(笑)一〇%か二〇%私に責任があるんですよ。それはなにかというと二つポイントがあって、ひとつは、福田首相が言う、民主党のなかに国連平和協力に対する恒久法について熱心に主張する意見があった、とは、私のことなんですよ。というのは、無原則な九条解釈でテロ特措法だ、イラク特措法だといってずるずると自衛隊を海外派遣するというやり方は、満州事変・支那事変・大東亜戦争と一緒だろうという思いがあった。憲法と国連憲章に基づくきちんとした自衛隊派遣の原理原則をたてる基本法を作らなければならないという思いが私には強くあったんです。小沢さんもまったく同じだった。それを福田さんの官房長官時代に私が委員会質問で主張したら、彼が感動してね。委員会が終わって廊下に出てエレベーターの所で、「平野さんの言う通りだ、一緒にやりましょう」と言ったことがあったんですよ。福田、小沢というのは全然接点がないんですが、ひょっとして党首会談になったらこれは感性が合うんじゃないか、えらいことになるんじゃないかという気持ちで見ていた。

私は党首会談があった二日（十月二日）午後三時の時点で熊本市の経営者の会合で「激動する政治の見方」という講演をやっていたわけよ。そうしたら大連立、大連立っていう話でしょう。困ったんですよね。その時に皆さんに言ったのは、福田が尊敬する人は実は勝海舟だと。小沢一郎はジョン万次郎だと。勝海舟とジョン万次郎、これは一体です。ひょっとして国連決議を前提とした自衛隊派遣の恒久法に福田がOKしたら、どんちゃん騒ぎになるなんて話をそこでしたわけですよ。

筆坂　小沢さんが説明しているように福田は一〇〇％それを飲んだわけでしょう。

平野　そうでしょう。これは歴代総理ではないことですよ。この考え方は、東大総長だった南原繁、最高裁長官だった横田喜三郎、石橋湛山らが作り上げた戦後日本の一種の安全保障政策の肝ですから。これで一致するというのは大変なことです。小沢は舞い上がったというか嬉しかったんですよ。

筆坂　この間の自民党政府の九条解釈というのは、あまりにもデタラメだったからね。今回の鼎談でも指摘していますが、戦闘地域でないところで給油をするのは集団的自衛権の行使ではない、などというのは国際的には通用しませんから。

平野　あの田中秀征ですらテレビで小沢の『世界』一一月号論文は正しいと言ってますから。ただ小沢が怖い顔して、難しそうな顔して言うからみんなが誤解すると言っていたが、その通りだ。

もうひとつ私の罪は、『世界』一〇月号の国連職員・川端清隆の論文を、「ここだけ読め」って赤い線引っ張って小沢さんに読ませたことです。あれで眠っている話を目覚めさせ、小沢は十一月号で反論するわけです。私は小沢の気持ちはわかる。また福田という総理と小沢という民主党代表の間に人間的信頼関係ができたことは、将来の日本にとって悪くないことだと思う。

村上　ねじれ現象という状況下ではあるべきことです。国民生活、国際的な貢献をどうしていくか、両党首が心を開いて話し合うというのは一般的に言って悪いことじゃない。だから自民党は自民党、民主党は民主党で前向きに党首会談の結論を考えて行くべきです。しかし大連立構想などというのは無理な話なんですよ。これは評論家の話だ。だからナベツネさんが言ったり、マスコミが言うのは勝手です。言いたいことを言えばよい。しかし政治は評論じゃない、現実との格闘ですから。

小沢さんの視野の先に何があるかといえば、政党再編です。これにどうつながるかということを考えて打った手ですね。民主党ももう少し修羅場をくぐらせていかなくてはということですよ。これは民主党として修羅場なんです。この問題をどっちが損した、得したということだけで論じちゃいかん。私は協議はすべきであったと、なぜ協議だけでもするという合意を民主党はしなかったのか。そうすれば自民党と民主党の違いということもはっきり見えてくるし、合意する点も出てくる。

テロ特措法だけではない。年金問題だって福田さんはにっちもさっちもいかない。民主党に丸投げしてもいいというぐらい開き直った気持ちで小沢さんと会った、その勇気を讃えるべきです。

平野 そのとおりですな。参議院選挙には勝ったけれど、民主党が勝ったわけではない。その勢いを総選挙にそのままもっていける力は民主党にないですよ。国会で堂々と議論をして政府与党を追いつめられるかと言えば、そんなに甘いものではない。政権交代を本気で目指すなら、表芸裏芸さまざまなものを使わなければ、自民党の牙城は壊れない。そういう意味で虎穴に入らずんば虎児を獲ずというこのポリティカルパラドックスを理解しなきゃいけない。ところが労組幹部や市民運動家あがりの民主党議員、金持ち幹部はこの政治の弁償性を理解できない。

その幹部らの「小沢総理ならいいじゃないですか」という発言のなかに誤解があることを、小沢は見抜けなかった。

村上　小沢はほんとうに小沢総理誕生できると思ったわけ？

平野　思っていないですよ。それはリップサービスだけど、そこまで言うんだったら、自分の思いを理解してくれている、この流れのことについて政策協議くらいはやろうと。

実は民主党には三種類の人間がいるのですよ。一つは縄文人。小沢さんに代表されるような腹と腹で話し、言葉はその補完というタイプ。二つは弥生人。文字と数字でしか話せないタイプで、労組とか市民運動家、金持ちの坊ちゃんだ。三つめはインターネット人。文字と数字でしか考えない、言葉の本質を考えないタイプ。要するに真の意味でのコミュニケーションができないんですよ。これは日本中で起こっている現象で、これが現代の混迷の根本原因ですよ。

村上　お上手で言ってることくらいわかるでしょうがね。本気で鳩山や菅が言ってると思ったのかね。

平野　それはそうでしょう。

村上　そんなに単純な男かね。

平野　産経新聞がコメントを求めてきたのでこう言いました。小沢は弁解ができない、人の批判ができない、自分でしょいこむという人間としての長所と政治家としての欠点を持った人だとね。

村上　まあしかし、豪腕と言われている人にはあながち共通する泣き所ですよ。豪腕という人が陥る唯我独尊だね。ここまで言わなきゃわからんのか、あんたらはと。わからなきゃいいよと。あの人はこの論理だけなのね。よくわかる。僕もそれで失敗してきているから。

平野・筆坂　（笑）。

村上　民主党の小沢さんを取り巻いている人たちは、小沢さんが怖いから何も言えないんですよ。あれは確か小渕内閣の時、連立から離脱すると言ってもめたことがあったでしょう。僕は小沢さんを離脱させちゃならんと思ったから、単身で自由党本部に乗り込んで行った。よその党ですよ。当然、党本部では討ち入りの晩のように煌々とかがり火を焚いて、決死のはちまきでもしているのかと思えば、みんなお通夜のようにシュンとして下を向いている。「党首はどうした？」と聞いたら「奥の部屋にいます」って。行ってみると、たった一人でじっと応接間にいる、頭抱えてね。

政治家は民意に敏感になれ

筆坂　今回は、鳩山さんが随分頑張ったと僕は思うな。それと僕が思うのは、本当にナベツネや森喜朗や中川秀直、青木幹雄らだけの動きだったのか。アメリカからの圧力、それこそCI

Aなんかの絡みはなかったのかということですよ。

村上　僕はこの一連の騒動のなかでアメリカが入っていなければ幸いだと思う。アメリカの干渉が。干渉というのは悪い意味。小沢さんは湾岸戦争のときからいろいろずっと永田町ではささやかれたことですから。「お前気の利いたこと言っているが、これに反対するんだったらこっちにも覚悟があるよ」という何らかのアメリカからのシグナルが来てなければいいなと、そう思いますね。

平野　それはないでしょう。ワシントンからの外電でも、アメリカの研究者、専門家が『世界』の小沢論文を高く評価しているぐらいですから。

村上　平野さん、アメリカの方にも裏芸もあれば表芸もあるわけですよ。そういう芸当が働いてなければいいがねと言っているわけです。

平野　今のねじれというのは、野党が参議院で多数だからと言って、法規的に見て野党を絶対的に勝たせる方法はないんですよ。他方、与党を決定的に政治的に痛めつけるように使える法規なんですよ。それを考えるとテロ特措法でも、何でも法案を成立させるというのは容易なことではないですよ。それればかりで民主党が突っ張った場合、これは国会の崩壊なんですよ。

村上　僕に言わせれば、民主党もなんで大人の対応をしないのかと。ここまで来たら政策協議くらいはやるべきだと。それで大連立構想に今答えを出すことはないんだから。なんで慌てふためいてああいう答えを出して即答するのかね。身も蓋もないじゃない、これじゃあ。

筆坂　それにしても大連立というのは解せない。もし実現したら野党は共産党、社民党、国民新党の一ケタ政党ばっかりになってしまう。これじゃ大政翼賛会ですよ。

平野　永遠に大連合するわけではないわけですよ。こっちから言わせればこっちの政策の何分の一かを実現させるための連立であって、その成果をもって選挙では分かれて闘うわけだから。それで政権をとろうと。それで政権交代の構造をつくろうという、ここのポリティカルパラドックスでね。

筆坂　政権交代というのが単純ではないということ、すべての問題で対決一本槍というわけにはいかないことはよくわかるんです。しかし、やはりもっと民意というものに敏感にならないとね。なぜ民主党が参議院選挙で勝ったのか。小沢さんが正々堂々と正面から自民党に対決していったからですよ。これこそが民主党の一番の旗印ですよ。裏芸も必要かもしれないが、一番大事な旗印を失っては元も子もないということになりますよ。

村上　マスコミが何を言うかは勝手ですが、政治家は違いますよ。マスコミ人の使い走りのように森や中川、青木が動いたと言うんでしょう。彼らの頭にあるのは、自分たちが作った福田内閣を延命させたいという打算だけですよ。もう少し日本の国の先々のことを真剣に考えて行動しないと政治不信を招くだけだと言っておきたい。浅はかすぎます。

特に森さんは総理経験者ですよ。そういう人が代理人をしている。代理人というのは、主人の意向を伝達する使い走りということですから。そう言えば、郵政解散の時も缶ビールの空き缶とチーズか何かを持ってピエロ役を演じた。もっと自分を大事にしてもらいたいし、総理経験者という自覚を持った行動をしてほしいものですね。

筆坂　小沢さんには厳しいことを言いますが、やはり迫力のある政治家ですから代表を続けることになったことは結構なことです。ダメージは大きいが、政治に面白さ、躍動感を与えてくれないと。

村上　今の政治に必要な人ですよ、役者ですよ。

平野　私はね、面白くなると見てます。政治家・村上正邦の知恵も借りて面白くしなければだめだ。

村上　私の経験からくる政治哲学なんですが、政治家、最高指導者は絶対的な敵を作ってはいけません。皮目を切るのはいいが、止《とど》めをさしてはいけない。生きていける道を残しておくことが肝要なんです。いつどこで国のため国民のために交わりを持つ必要が生まれるかわからないのですから。

筆坂　福田総理も、小沢代表もそこのところを心得ていましたよね。人生訓でもありますね。

村上　そうです。その点は評価しておきたい。それと小沢さんにも、与野党の政治家にも言いたいのは、いま「ねじれ現象」といって与野党ともに苦闘・苦悩しているわけですが、実はこの「ねじれ現象」こそが、成熟した議会制民主主義を創っていくために避けて通れない道なんです。だから権謀術数ではなく、お互いに正攻法で知恵を出し合っていくべきですよ。民主政治を成熟させるのに近道はない。徳川家康の「東照宮御遺訓」にあるでしょう。「人の一生は重荷を負うて遠き道を行くが如し、急ぐべからず」という。これなんですよ。この危機をこそ、我が国の民主政治を成熟させるための一里塚にすべきです。同時に、我々三人が『参議院なんかいらない』でも問題提起したように、衆議院、参議院の権能や持ち分、そのあり方を真剣に検討していかなければなりません。

平野・筆坂　大賛成です。

第一章
安倍辞任劇と福田政権樹立

与野党に複雑に絡まる防衛利権

筆坂　防衛庁をめぐって汚職がらみの事件、テロ特措法での虚偽報告など重大問題が噴出してきました。厚生労働省の薬害C型肝炎の対応も言語道断です。いずれも自民党の長期政権の膿《うみ》が噴き出したものであり、この鼎談《ていだん》の主題そのものでもあります。

まず守屋武昌前防衛事務次官に対する軍需商社山田洋行、日本ミライズによる接待問題です。久間章生前防衛相も相当な接待を受けていたようですが、たしか昨年（二〇〇六年）の二月ごろ、私が平野さんと夜会ったその日の昼間、平野さんは東京地検特捜部に呼ばれ、その際、防衛庁がらみの腐敗について、色々と意見を求められたと言ってましたよね。

平野　そうそうあの日、筆さんと旧交を温めたんだよね。なぜ東京地検に行ったかといえば、創価学会と公明党に関する私の著作に対して、神崎武法公明党代表（当時）が名誉毀損で刑事告訴したため、その事情聴取ということだったんです。ところがこの著書の経緯《いきさつ》についての事情聴取は、わずか三〇分位で終わったんです。そのあと特捜部の検事が、防衛庁関係のことで話を聞きたいと言って、こう言うんです。「平野さんは、衆議院職員の頃から安全保障関係の仕事をしていた。参議院議員になってからも沖縄米軍用地特措法などで防衛庁の相談相手になっていた。それから自衛隊三宿病院（東京都世田谷区の自衛隊三宿駐屯地にある自衛隊中央病院）の談合問題に関わろうとしていた知り合い議員を、平野さんが『くだらないことするな』といって止めたという話も聞いている。上司が平野さんは防衛庁のことに詳しいようなので話を聞いてみたいと言っている」と。

それで部屋を替えて二時間ばかり話をしました。そのときの詳しい話をするわけにはいかんが、防衛庁関係のさまざまな疑惑には自民党の大物政治家が関わっている。なんとか真実を解明したいと言うので、私は自分が知っていることについて説明しました。

ただ防衛利権に関しては自民党だけではなく与野党に複雑に絡まっているようなので、よほど証拠がそろっていないと、いつものとかげのシッポ切りで終わってしまいかねない。今度は本格的に防衛利権に関して解明できますかな？

筆坂　ほおー、じゃ東京地検特捜部は相当前から防衛利権に目をつけていたということですね。具体的な政治家の名前は出ましたか？

平野　当然出ました。名前までは言えませんが、もちろん大臣クラス、自民党の三役クラスの人物です。

筆坂　それで十分に見当がつきます（笑）。

村上　この事件を守屋前次官の接待問題に矮小化しては駄目ですよ。石破茂防衛相など、早々と守屋前次官の退職金返納などと言っているが、これなどはこの問題を接待問題で終わらせようとしているからなんですよ。

防衛庁は省に昇格しましたが、こうした看板のかけかえだけでなく、この際、膨大な防衛予算に絡む防衛利権に徹底してメスを入れて、膿をしぼり出すことが必要だね。このままでは自衛隊への疑義すら芽生えてしまう。国防の根幹に関わる重大な問題ですよ。

筆坂　これまで防衛庁がらみの汚職は全部役人どまりなんですよ。政治家までいかない。特に軍用機は聖域にされてきた。ＦＸ（次期戦闘機）戦争と呼ばれた戦闘機の導入をめぐる商戦、ダグラス・グラマン疑獄、ロッキード事件等々、全部そうですよ。岸信介をはじめ色んな政治家の名前があがったが政治家まで捜査の手が及んだことがない。ロッキード事件だって田中角栄が逮捕・起訴されたのは全日空が導入した民間機トライスター導入をめぐってのものでした。しかし、機数も金額もはるかに多かったのは自衛隊が導入した対潜哨戒機Ｐ３Ｃでした。職務権限もこちらの方がはるかに明確だったが、不問に付された。要するにアメリカの安全保障戦略に関わるからです。

『反転』（幻冬舎）の著者である田中森一元東京地検特捜部検事が言う「不作為の国策捜査」なんですよ。防衛利権はそういう意味で聖域にされてきた。その分膿は相当ひどい。ここを抉《えぐ》り出さないで、接待問題に終始していては駄目ですよ。東京地検特捜部も野党も試されています。

村上 参議院に防衛庁から出た議員がいましたよね。その頃から山田洋行の話はでていましたよね。

筆坂 航空幕僚監部装備部長や航空自衛隊幹部学校長を歴任した田村秀昭元参議院議員ですね。テレビで他人事のようにしゃべっていましたよ。山田洋行元専務で日本ミライズを立ち上げた宮崎元伸氏が真相を話すと相当なことが出てくることは間違いないと思いますよ。徹底的に究明しないとね。

村上 筆坂さんが指摘したように、この問題というのは単なる接待問題ではないんです。自衛隊が新たに導入しようとしているCX（次期輸送機）をめぐる問題なんです。CXは一機約一〇〇億円、問題のGE（ゼネラルエレクトリック社）のエンジンはカタログ価格で一〇〇〇万ドルというから一二、三億円もする。それを二〇機から四〇機導入しようというんですから、数千億円もの税金を投入するんですよ。いいかげんなことで済ませてはなりません。

筆坂 山田洋行と同社の元専務がつくった日本ミライズは、エンジンメーカーGEの代理店契約をどちらが取るかで揉めていた。今回の接待問題もこのからみのなかで相手側を蹴落とすために出てきたんでしょう。山田洋行側に有力な防衛族議員が付いているという話も聞きますからね。

村上 それにしても小池百合子さんというのはひどい人だねえ。テレビに出演して、守屋前次官の悪事を知っていたと思わせぶりに言うんですよ。それを聞いたテレビキャスターかなんかが、守屋を切ろうとしたのは先見の明があったと言わんばかりに彼女を持ち上げるんです。何を馬鹿なことを言っているか。彼女は大臣だったんですよ。そんな噂があったのなら、なぜ守屋氏に問い質《ただ》さなかったのか。必要なら調査委員会を省内に設置して徹底的に究明すべきだった。ところが何もしていない。これは大臣としての責任放棄、職務放棄ですよ。

平野　そういう人です。私も一緒の党にいて何かと相談に乗ったこともありましたから、よく知っています。

防衛省をめぐってはそれだけではないんです。テロ特措法でもアメリカの艦船への給油量が当初二〇万ガロンと言っていたのが実は八〇万ガロンだったということが、今頃になって公表された。防衛省は、現場の一課長にミスと責任を押し付けて済ませようとしているが、現場がそんなミスをするわけがない。参議院で野党が多数派になって、国政調査権を使って資料要求をされるとばれるから、正直に言わざるを得なくなったんですよ。平気で国会を欺《あざむ》いていたわけですから、これだって内閣の命運に関わるぐらいの大問題ですよ。

村上　第一予算が違うでしょう。二〇万ガロンと八〇万ガロンじゃ四倍も多くなる。

筆坂　平野さんの指摘は大事ですね。国会を騙《だま》したんですから。本当は、イラク作戦への転用を隠すためですよ。そもそもあの法律は最初から無理があった。大体、アメリカの艦船がどういう作戦で、どこに向かうかなんて日本に教えるわけがないんです。最高の軍事機密でしょう。それを日本の法律でアフガニスタン向けだけと決めること自体が無意味なんですよ。アメリカの軍艦の指揮権を日本が持っているわけじゃないんですから。

平野　アメリカの軍事戦略が最優先で、日本のシビリアンコントロール、憲法なんていうのは全く無視されている。もともとイラク攻撃を前提に仕組まれた法律なんです。それを隠すために一担当課長のミスに見せかけているにすぎない。ここを抉り出せないようでは国会じゃないですよ。

筆坂　ほんとうにその通りだ。CX問題も、テロ特措法をめぐるごまかしも、どちらも内閣が吹っ飛ぶような大事件なんですよ。ここで野党が徹底追及しないとね。

それと薬害C型肝炎での厚生労働省の対応はひどすぎます。エイズの時にも思ったが、人の血が通っているのかと言いたい。それにしても旧厚生省は多くの薬害を引き起こし、年金は無茶苦茶にしてしまった。どこの役所も一緒なのかもしれないが、あまりにもひどすぎる。

そこで思うのは、小泉元首相の責任ですよ。彼は厚生族議員でしょう。郵政民営化なんかに血道をあげるより、この旧厚生省の人命軽視体質、国民ないがしろ体質にこそ徹底的なメスを入れるべきだった。それを何もしていない。何が改革者かと言いたい。薬害患者、年金受給者に真っ先に土下座してでも謝るべきは小泉元首相だ。

村上　まったくその通りだ。厚生労働省をなくすわけにはいかんが、私は一回解体的出直しをしろと言いたい。また歴代の薬務局長や社会保険庁長官は、全員証人喚問をやるべきだ。
それにしてもやはり政権交代だ。こんな役所になってしまったのも、結局自民党がずうっと政権を握ってきたからだ。この膿を洗いざらい出し切るにはそれしかない。

平野　その通りです。

政治の要諦を知らず死に場所を間違えた安倍晋三

筆坂　さて、本章の本題にここから入っていきましょう。今更、安倍前総理を批判しても仕方がないという意見もあるでしょうが、やはり現在の自民党の劣化を象徴するものとしても、政治の責任からもきちんと議論しておく必要があると思います。自民党が安倍さんを小泉の後継に担ぎ出した時から、私には不思議でならなかった。というのは彼にそんな力量がないことぐらい、国会におれば誰にでも容易にわかるからです。
私が参議院にいた時には安倍さんは官房副長官でしたから、直接論戦をしたことはありませんが、なんと覇気のない人物だろうと思ったことがありました。インドと日本の友好議員連盟の席だったと記憶しています。民主党の菅直人さんや森喜朗元総理、駐日インド大使らが挨拶をしたんですが、たまたま私の隣に座った安倍さんは、自慢の長い足をだらんと投げ出して、挨拶にもなんの反応も示さない。脱力感というか、いかにも何事にも関心がないという風体でしたよ。

その彼が『美しい国へ』（文春新書）という本を出版して、「闘う政治家」を標榜し、吉田松陰が好んで使ったという孟子の「自ら反《みずか》《かえり》みて縮《なお》くんば千万人といえども吾ゆかん」を自分の信念だと言ったときには、随分いきりたって無理してるなあ、と思ったものです。

村上　安倍さんは、総理を辞めただけではすまない。国会議員そのものを辞めなきゃ駄目ですよ。政治は「信なくば立たず」なんです。彼は、その意味がわかってなかった。いまさら鞭打つ気はないけど、戦いを前にして逃げ出してしまった。ブッシュに会ってテロ特措法の延長を約束したが、それを「国際公約」だと言い、職責を賭けると言った。しかし、なぜブッシュとの約束が国際公約なんですか。これは単にアメリカと日本の関係でしょう。これはブッシュに対する忠誠で、臣下の礼をとったことになる。家来が殿様に、うまくいかなければ腹掻っ切りますと言ったのと同じですよ。どこに「主張する外交」がありますか。「信なくば」というのは、アメリカからの信じゃありません。国民からの信ですよ。そして彼は死に場所を間違えた。実際には、「信なくば」からも逃げて、放り出してしまったんです。

平野　まったくその通りですな。

村上　あきれるぐらい言葉が軽かった。もともと彼は参議院選挙でこの選挙は政権選択の選挙ではないと言いながら、「私をとるか、小沢さんをとるか」と国民に迫ったんですよ。この論理は、総理の座を賭けたということです。総理の座を賭けて天下分け目の関ケ原の戦いに臨んだんです。それで首を取られたんです。この公約をこそ彼は優先して、選挙惨敗後に退陣すべきだったんです。これを押し止めた麻生太郎さんも同罪であり、政治の一番の要諦がわかってない。

幾度となく出処進退を誤った

村上　安倍さんが責任取るべきときは、二度あった。一つは、いうまでもなく参議院選挙で惨敗した時です。しかし、実はそれ以前にも責任を取らなきゃいけないことがあった。一内閣で閣僚から自殺者まで出し、改造前に四人、改造後も一人、合わせて五人も事実上罷免したんですよ。かつてこんな内閣がありましたか。安倍さんは政治とカネの問題や閣僚の暴言問題で、参議院選挙で負ける以前に内閣総辞職をすべきだったんです。

筆坂　その通りですね。

村上　それとね、だからあなたは右翼なんだ、と言われるかもしれんが、一内閣、わずか十何人しかいないのに、四人も五人も大臣が代わって、その都度、天皇陛下に認証官任命式にお出まし願って「重任ご苦労に思います」と言わせしめた。その責任から言っても、国民に対する責任から言っても、安倍さんはあの時点で辞任すべきだった。政治家は結果に対して責任をとるべきであり、それが出処進退というものです。ましてや一国の総理なのだから、行動で示すべきだった。

平野 閣僚にふさわしい立派な政治家だ、と何度も天皇に嘘ついたようなものですからね。

村上 そうです。福田さんが安倍さんの辞め方について、「決断すべき時に決断するのが総理の心得だ」と批判してましたが、それはいつ辞めるかどうかの現象的なことです。その前に強い責任感を持つという哲学が欠如してたわけだ、安倍さんには。だから辞任の場を間違ってしまった。

筆坂 それにしても辞任の記者会見、さらに病院での記者会見はいただけなかった。小沢代表に党首会談を申し込んだが断られたことを理由にしたからです。ただ僕は、この二度の会見を見て確信したことがある。あれは小沢さんに対する甘えだったんですよ。四面楚歌に陥って、最後に小沢一郎を頼った。小沢さんはもともと自民党の大幹事長だった人ですから、安倍さんは自分の首を差し出せば、テロ特措法だけは何とかしてもらえるかもしれない、と甘い幻想を抱いたんですよ。

平野 親父の晋太郎さんと小沢の関係もあるしね。小沢に相談したかったのでしょう。それが国対委員長の大島理森さんなんか通したものだから、変になっちゃった。私のところに電話をしてくれれば、何とかしたのにさあ。政策がどうのこうのという次元ではなく、人間として助けてもらいたかったんですよ。

筆坂　そうだと思う。そうでなければ二度の会見で二度ともその話を持ち出すなどということはあり得ないですから。

平野　実はあの辞任会見のあと、午後四時から私は小沢と会ったんですよ。テロ特措法で突っ込んだ話をすることになっていましてね。ところが小沢はまるで自分が辞任したかのようにシュンとしている。可哀相だったなあ、という雰囲気なんです。小沢にはそういうところがあるんです。

権力者は得意技で潰れていく

村上　それにしても安倍さんの哀れな結末を見ていると、「得意技」が命取りになることを痛感するね。歴史的にみても、これが総理総裁、権力者の崩壊の姿です。田中角栄が潰れたのは田中金脈事件です。総理復帰に執念を燃やしたが、それもロッキード事件で道を断たれてしまった。晩年は病気もして、往年の迫力もなくなり気の毒でしたよ。

平野　いや、わかる。

村上　じゃあ、安倍さんの得意技は何かといったら、北朝鮮の拉致問題ですよ。小泉訪朝団の一員として参加しますが、小泉さんに「安易な妥協はすべきではない」と強硬に申し立て、拉致被害者五人が帰国した時も、外務省の田中均さんが「一時帰国」の約束をしてきたのを「北朝鮮に返すべきではない」と主張して、返さなかった。これが彼の国民的人気をつくった。安倍さんは北朝鮮に対して堂々と主張し、拉致問題に立ち向かう勇気ある若い政治家だと印象付けたんです。その強気が敗北につながってゆく。

総理になってから拉致問題で彼は何をやったか。手も足も出せない。だから国民の間で失望感が広がった。やったことといえば、中山恭子さんを拉致担当補佐官にしただけだ。彼女も、拉致の積極的解決策を何も提示できなかった。彼女を参議院選挙で勝たせただけの話ですよ。

筆坂　問題は、たまたま拉致問題でできあがった「主張する外交」「闘う政治家」というイメージを、まるで安倍さんの実像であるかのように押し出していったことでしょう。実際の彼はぼんぼんの三世政治家です。それが颯爽と闘う政治家であるかのように見せなければならなかった。自分が作ろうとした虚像に振り回されて自縄自縛に陥ってしまった。彼がまるで大統領のように「私の内閣では」という言葉を乱発し、しゃべる時はカメラ目線、歩くときは背筋をしっかり伸ばしアッキーと手をつなぐ姿を見ていると、そこには痛々しいほど虚勢を張った姿しか見ることができません。強い政治家という虚像と実像のギャップが、彼を精神的に追い込んだ。その意味で、村上さんが言うように得意技が彼を追い込んだのでしょう。

経済が得意の宮澤さんだって、バブル経済破綻から抜け出すために巨額の財政支出をして景気対策をやったがうまくいかず、その後の内閣に景気対策と不良債権処理の重荷を背負わせることになった。橋龍（橋本龍太郎）だって政策に強いということでは人後に落ちない人だったけど、行政・財政構造改革にこだわりすぎて、北海道拓殖銀行の破綻、山一証券の廃業など悪化する経済への対応が遅れ、参議院選挙で敗北。退陣に追い込まれた。

村上 得意技で失敗するというのは、理由があるんです。筆坂さんがさっき言った自縄自縛なんですよ。良いところを見せようとして力んでしまう。権力者だけじゃなく、誰にでもあることでしょう。もう一つは過信ですね。上手の手から水がこぼれる、ということですよ。

筆坂 今度の福田さんの得意技は何ですか。「ふふふ」ですか（笑）。

平野 得意技がないのが得意技ということですかな。

総理臨時代理を置くべしと提案しなかった野党の大失態

平野 憲法論的に整理すると、安倍さんの今回の一連の辞任劇は国会機能を停止させる行為でした。大きな課題を持って臨時国会を召集し、しかも私の内閣はかくかくしかじかのことを行いますという所信表明もやって、代表質問を受ける直前に辞意を表明した。しかし、総理大臣に国会機能を停止させる権限はありません。国権の最高機関である国会の機能を事実上停止させるということは、憲法を停止させるということに等しいわけです。したがって当然臨時代理を選んで、国会の機能及び憲法の機能停止を元に戻さなきゃいかんのですよ。

ところが政府・与党は回復させるつもりもない。なんとしたことか、民主党中心の野党にもその気がない。ここにわが国の現在の衆参国会議員の劣化があるんです。マスコミも、コメンテーターも、右左を問わず評論家もそのことを誰も指摘しない。

私が残念なのは、参議院で多数を握った野党が、臨時代理を置くべしという国会決議をなぜ提案しなかったのか、ですよ。

村上　その通り、臨時代理を即刻置くべきでした。官房長官だった与謝野さんは慶應病院から五分で来られるから大丈夫と説明したが、そんな単純なもんじゃない。安倍さんは辞めると意思表示をしてすべて放棄してるわけだから、国の命運を預かっているという責任感も、その事態を冷静に思考する気力も失せている。何かがあったときに決断、判断できる能力はなかった。これは政治の空白ではないのか。統治者が存在しないに等しい。

筆坂　本来、野党こそ、代理を置くべきだ、国政を停止させてはならないと主張すべきだった。

平野　議会政治の本旨を野党がどれだけわかっとるかと、僕は言いたい。

筆坂　郵政民営化法案のときも同じでした。参議院で否決して、衆議院解散やったとき、なぜ野党は、憲法を盾にして、二院制の本旨はいったいどこにあるのかと喧嘩しなかったのか。

平野　そういう意味で、自民党も批判されるべきだけど、野党も批判されなきゃいかんですよ。

村上　メディアも興味本意でしか報じない。なんで臨時代理を置かないのか、なんで野党は委員会をやれと言わないのか。総理が不在でも委員会は開けるはずだ。特に年金について国民の不安があるのだから委員会だけでもやるべきではなかったか。こういう問題を一つも論じない。政治は党のためにあるんじゃない。国家のために、国民のためにあるんです。そのことを与党も野党もメディアも忘れている。

行司役がまわしを締めた

村上　麻生さんの責任も大きい。小沢率いる民主党が大軍をもっていざ追撃といって出陣してきたとき、安倍さんは敵前逃亡した。こういうときに、「殿待ってよ、それはないだろう」と言って押し止めるのが幹事長の役割ですよ。戦端は既に開かれているんですぞ‼

筆坂　殿は戦うのが嫌だ、怖い怖いと言って駄々をこねてる。でも後始末はしなくっちゃねえ。

村上　そう。一夜置いてでも、すぐに臨戦体制をつくるのが幹事長の仕事ですよ。総大将は誰にしようとか、参謀会議もやって。そこで、幹事長、あなたが陣頭指揮を執るべきだという声があがって初めて、じゃあこの危急存亡の時、己を虚《むな》しくしてこの戦いの指揮を執らせていただきます、となるわけですよ。しかし参謀会議に諮るも何も、殿が敵前逃亡しようとしている情報を麻生は自分だけで抱え込んだ。本来、すぐ参謀会議を開いて行司役に徹するのが麻生さんの役回りだったんですよ。

　そもそも総裁と幹事長は不離一体です。政権派閥から幹事長を出すというのが今までの自民党の一つの慣わしだったんです。よその派閥をナンバーツーにするといつ寝首をかかれるかわからない、そういう心配があるからなんです。先人はそこらあたりをちゃんと考えて幹事長を任命してきた。ところが、安倍さんと麻生さんは派閥が違います。麻生さんが寝首をかこうと思っていたとまでは言いませんが、ポスト安倍に執念を燃やしていたことだけは間違いない。その意味ではもっとも危うい人物を幹事長に付けたんです。

　しかも麻生さんは麻生さんで、その野望を隠そうともせず、自分でまわしを締めてしまった。国民に対して、党としての謝罪の声明も出さずに、虚勢を張った。二世、三世議員の「若旦那の道楽」というか、「火遊び」ですよ。国民はたまったもんじゃない。

安倍続投支持で大御所を怒らせた

筆坂　そもそも参議院選大惨敗の際、真っ先に安倍続投を支持したことが麻生さんの読み違えだったということですよね。

村上　その通りです。小賢しいことをやったんですよ。そのときすでに党の中で安倍さんは責任を取って辞めるべきだ、そして福田を総理にすべきだという流れがつくられつつあった。森喜朗、青木幹雄、中川秀直らの動きですよ。

参議院選挙後、森さんは安倍さんを辞めさせて福田さんにしたかった。ところが安倍さんは一蹴した。麻生さんが安倍さんに知恵をつけたからですよ。その支えがあって安倍続投の流れができあがってしまった。だから参議院惨敗の政治責任の取り方については麻生さんにも大きな責任があるんです。この経過から言っても、麻生さんは安倍さんとの運命共同体としての責任を免れることはできないんです。

平野　それが筋ですわな。

村上　森さんを怒らせてしまったわけですよ。森さんはいつの間にやら、徳川幕府の家康ばりの大御所になってしまっている。またこの大御所が、大御所で納まっておればいいんだが、政局が好き、キングメーカーだと自負している。人事が好きなもんですから、派閥の力を背景に、陰から操る闇の仕掛け人になっている。その結果、ますます森さんに力が集中するようになっている。

森さんが総理を辞めて以降、みんな森派ですよ。小泉、安倍、そして今度は福田さんですから。これはまるで徳川家のようなもんです。森さんは総理を引退して大御所になったんですよ、家康が征夷大将軍を辞めて大御所になったように。

筆坂　たしかに四代続くのは、これまでの自民党の歴史でも稀有なことですね。まるで森家だ。

平野　森喜朗は総理として出来が悪く、支持率も低かったため、森で選挙は戦えないという声が党内からも澎湃《ほうはい》としてわきあがり辞めざるを得なかった。その分、未練と恨みを残している。

村上　そうそう、完全燃焼してないから。

平野　してないんですよ。田中角さんがロッキード事件や金脈問題で恨みを残して、辞めてから裏支配をやったのと同じように、森さんの怨念が、今の裏支配への執念になってると思うね。

安倍辞任の情報を独占した麻生太郎

村上　麻生さんの話に戻しますが、彼は、辞任表明をする二日前に、安倍さんから「僕はもうやっていけない」と打ち明けられてるわけですよ。麻生さんは安倍さんを裏切ったわけでも何でもない、裏切りなどという哲学は持たないと言ってますが、問題はここなんです。麻生さんは情報を独占した。

総理に一旦緩急あるときは、その連絡を受けた党と内閣の要にある人たちがまず一堂に集まるのが当たり前だ。総理が倒れた。執務はできるのか。できる状態じゃない。臨時代理を置かなきゃならない。早急に誰がやるかを決める。こうした手順を一気に進めなくてはならない。

筆坂　旧五人組の時にはそれをやった。

村上　平成十二年（二〇〇〇年）に森総理をつくったときの旧五人組（森喜朗幹事長、亀井静香政調会長、野中広務幹事長代理、村上正邦参議院議員会長、青木幹雄官房長官）は、これをさっとやった。官房長官だった青木をすぐに総理の臨時代理にとの合意ができ、然るべき党内手続きを経て、最終的には閣議決定することにしたが、青木は即座には受けなかった。何時《いつ》の時点でそれを報道発表するか、ということも決めた。

平野　小渕総理が倒れたときですね。

村上　平野さんたちはクーデターと批判したけどね（笑）。この五人は党の五役であり、一旦緩急あれば、集まって相談するのは当たり前のことなんです。

筆坂　共産党は物分かりよく、非常事態だからやむを得ないと考えていた（笑）。

平野　その当時、官房長官が総理の臨時代理に就くということが事前に決められていなかったんですよ。臨時代理に就く順番も決まっていなかった。脳梗塞で倒れ重篤状態だった小渕さんが青木さんを臨時代理に指名することなど不可能だった。今はこのときの教訓から、官房長官が就くことが事前に決められている。

村上　小渕さんが倒れた時には、臨時代理を置く必要があるかどうかを決めるため、ただちに主治医にも病状を聞いた。野中さんは官房長官経験者だけに、「青木さん、あなた、事務方の官房副長官の古川（貞二郎）と話して、何時に記者会見を開き、どういうことを国民に言うのか、そういう打ち合わせをしておきなさい」とただちに指示した。
僕はその時、この情報が早く漏れたら政局になると危惧した。加藤紘一を念頭に置いたわけです。なぜなら、加藤さんは前年（一九九九年）の総裁選挙で小渕さんと戦って敗れ、非主流派になっていたが、虎視眈々《こしたんたん》とポスト小渕を狙っていましたから。党三役の一人であった池田行彦総務会長をこの会合に呼ばなかったのも無意識のうちに、彼が宏池会・加藤派だったことがあったということでしょう。そこでできるだけ遅いほうがいいだろうと言ったら、野中が、「総理が倒れたことをそんなに長く伏せておくわけにはいかない」と言う。そこに彼の偉さというか判断力があるんです。青木は「わかりました」と、そういう責任ある立場の五人の話だった。だからあの時のは密議でも何でもないんですよ。

筆坂　五人組再評価だ（笑）。ただ加藤派の池田総務会長をはずしたというのは、やはり密談的性格ももっていたということではないんですか。現に、このあと森内閣が誕生しますが、これへの野党の不信任案をめぐって、いわゆる「加藤の乱」が起きますが、遠因はここにあったということではないんですか。

平野　石原慎太郎でさえもクーデターと批判していますよ。私はこのことを本会議などで過激に追及して懲罰動議を出されましたし。五人組の談合クーデターが、その後の日本政治の諸悪の根源ですよ。

村上　いずれにせよ五人が集まったときに小渕さんの病状が相当深刻だとわかり、とりあえず臨時代理は閣議で青木に決まった。政治空白をつくっちゃいかんという判断があった。そこで誰が次の総理をやるのかという話になったが、その場合、党の手続きはどうするのか。党員を集めてやるような時間はない、じゃあ両院議員総会で諮っていこう、ということになった。そのためには党で役員連絡会を開き、総務会を開き、そこで決めるという段取りをつくった。

本来、麻生さんはそうした段取りを深める役割を担うべきだった。ところが、これで総理大臣になれるわいと舞い上がるだけだった。しかもそうした情報は漏れるわけで、中川さんもそれを聞いたという。「なんで幹事長はそれを知ってて言わないんだ」となったわけです。そこから麻生さんの裏切り論、クーデター論が始まった。新五人組（森喜朗元総理、青木幹雄前参議院議員会長、中川秀直前幹事長、野中広務、福田康夫）は、そこをついたんですよ。

怨念に取り憑かれた麻生の不徳

筆坂　聞けば聞くほど自民党という政党は一筋縄ではいかないですね。それにしても八派連合、麻生包囲網があれほど瞬く間に出来上がったのはなぜですかね。

村上　まず古賀誠だね。古賀さんには麻生さんへの恨みつらみがあるんですよ。数年前、もうすこし前かな、それまでは、「太郎ちゃん」「マコちゃん」と言って仲が良かった。古賀さんは麻生さんに「太郎ちゃん、あんたを総理にするからね」と言ってたんですよ。そのときの福岡の状況というのは、反山崎拓ということで古賀さんと麻生さん、それから太田誠一さんの三人が結束をしていた。まだ私がいた時代です。ところがその後、宮澤喜一さんの宏池会が加藤紘一さん、河野洋平さんに分裂する。麻生さんは河野さんに、古賀さんと谷垣禎一さんは加藤さんに付くんですが、このあたりからですかね。

平野 三人とも福岡だね。

筆坂 近親憎悪ですかね。

村上 所詮、私怨の争いなんですよ。福岡の先人はこんな小さな争いはしなかった。古賀さんと麻生さんは生まれと育ちに相当な違いもあるしね。麻生さんと谷垣さんは小泉後の総裁選挙で争った仲だったが、その後、二人が会談した際、麻生さんが「次は俺に先にやらせてほしい。その次がおまえ」と言ったことを谷垣さんがばらしてしまった。そんなこともあって一時は、古賀派、谷垣派、麻生派の三派合併による大宏池会構想もあったが、吹っ飛んでしまった。

平野 麻生さん、谷垣さんが仲違いしたわけだ。

村上 そうそう。それから山崎拓さんは、麻生さんとは北朝鮮問題からしてまったく立場が違う。麻生さんは山拓の北朝鮮訪問を二元外交だと批判してましたからね。また、先にも触れましたが、地元福岡での二人の勢力争いがありますからね。一方の森さんと麻生さんはどうかというと、参院選後、安倍内閣改造に福田康夫さんと谷垣さんを入閣させるよう持ちかけた森さんに、幹事長就任が確実だった麻生さんは「森さん、次に本気で福田さんを立てるなら、僕は本気で喧嘩しますからね」と言ってしまった。これに森さんが激怒したという。

筆坂　森さんが麻生さんの私邸まで訪ねるわけでしょう。

村上　そうそう。その怨念が森さんにはある。一方、青木幹雄さんは、参院選惨敗の責任をとって安倍さんは辞めるべきだと主張していた。ところが麻生さんがいち早く安倍さんを説得して、続投の流れを作ってしまったわけだから青木さんが面白いわけがない。森さんは、フランスから青木、中川に電話で情報交換し、秀吉が高松城攻めから京都に大返しして明智を倒した故事にならってか、フランスから急遽帰国し、麻生包囲網を作ってしまった。

平野　もう一つ大きな恨みがあるんですよ。野中さんと麻生さんの関係に。

筆坂　麻生さんが野中さんに対して差別的な発言をしたことですね。野中さんの怒りは当然でしょう。

村上　野中さんは「俺の目の黒いうちは麻生なんて絶対総理・総裁にはしない」と公言してた。だから原因は、みんな麻生さんがばら撒いていたということですよ。そして古賀は野中を師と仰いでいるわけですから、野中さんの思いはわかってる。そして古賀と二階俊博となれば、これは兄弟、双子のようなもんだから。ですから反麻生の包囲網ができる原因は恨みつらみの私恨なんですよ。公の怒りが欲しいですよね。高い志と国家的使命感をもって争ってもらいたいよね。

平野 いいね(笑)。わかりやすい。

村上 小さなことだけれども、政治家である前に人間だから。人間の性《さが》だね。これは麻生さんが蒔《ま》いた種なんですよ。それに彼が気がつかなきゃならんわけですよ。

彼に山本勘助のような有能な軍師がおれば、「麻生だと言う人は一人もいない。すぐ福田連合で固まる。森に主導権執らせたらあんたは終わりだよ。ここは私を捨てて、収拾の行司役に徹することだ」と知恵をつけたはずだ。その軍師がいなかった。

筆坂 急がば回れですね。

村上 そうです。幹事長なんだから。今回は行司役に徹しておけば、次の芽が出来上がるわけですよ。麻生っていうのは大した奴だと、しかし、そういう軍師を麻生は持たなかった。

筆坂 悪知恵の働く平野貞夫さんのような人がいなかったんだ(笑)。

村上 鳩山邦夫(法務大臣)さんのようなお坊ちゃんじゃ、そういうことはわからない。留任で福田にすり寄っていくようではね。最近のアルカイダ発言に見られるように、閣僚としての資質に問われるよね。

筆坂 プラスして麻生さんは小泉さんの怒りも買ってしまったでしょう。麻生さんが幹事長になったとき、「ぶっ壊された自民党を立て直すのが使命」と記者会見で言った。もろ小泉批判ですよ。

村上　その立て直し策の一つが平沼赳夫の無条件復党ですから、小泉さんはカチンときてた。それが反麻生を打ち出す大きな要因になったと思うね。小泉さんにすれば、俺の政治の象徴は郵政民営化だ。それに反対する勢力を象徴するのが平沼ですから、その平沼を無条件で復党させるということは俺に対する挑戦だ、と取ったわけですよ。ここでも恨みつらみの要素が入ってくるんですよ。

平野　それとね、小泉さんは読んだと思う。一旦俺がバカになって福田さんを推しておけば、この次自分がやらなくても自分のペース、もう福田でおしまいですからね、自民党は。政界再編、小泉新党で動き出す可能性大だと私は見てます。

筆坂　僕は麻生さんが小泉に敵対してまで、郵政造反議員の復党を図ろうとしたことについては評価しているんです。郵政造反議員というのは、長い間、自民党のために尽くしてきた人たちですよ。綿貫民輔、亀井静香、平沼赳夫、野田聖子等々。何十年も自民党員として党の発展に貢献してきた。渡り鳥の小池百合子や昨日今日入党した小泉チルドレンとは歴史が違います。

あとで亀井さんの話も聞きますが、今日自民党が政権党でいられるのは亀井さんのおかげと言っても言い過ぎではないんですから。小泉チルドレンとこれら造反議員とどちらが愛党者かと言えば、文句なしに造反議員でしょう。共産党ならいざ知らず、こんな惻隠の情のない政党にしてしまうことは、長い目で見ればけっしてプラスにならないからです。この点では、僕は麻生さんを評価している。

平野　麻生さんに関する思い出話を一つ。私の新進党時代に自民党の一部との保保連合を模索したことがあります。あるとき小沢一郎が私に、麻生に会って自民党を出て麻生新党をつくらんか、小沢は支援する、そう伝えてくれと言うんです。麻生さんは吉田茂の孫だし、小沢さんの親父の小沢佐重喜《さえき》は吉田茂に重用された側近中の側近だった。私が共産党入党直前に「入党するな」と説教してくれたのも吉田茂です。そんな関係で、よく知ってるから伝えに行った。そのときの麻生さんの政治に対する考え方はまったく子どもで、理念とか政策とか、人間関係なんてどうでもいい人物なんだなあと思いましたよ。宰相なる吉田茂の血を受け継ぐ人間じゃないと思った。

筆坂　二世、三世が全部そうだとは思わんけども、麻生さんを見てると平野さんが言われるように、一貫して「遊んでる」という印象ですね。

村上　青年会議所の会頭です。所詮は苦労知らずの若旦那ですよ。

平野　秋葉原のオタクね。オタクの大将。

筆坂　鳩山邦夫さんもよく似たタイプですね。真剣にこの国の行方を案じているようには見えない。

村上　鳩山一郎先生は友愛の理念を説き、私は尊敬しておりました。

筆坂　私も鳩山先生が提唱された友愛運動を推進してきた友愛青年連盟のOBによる友愛クラブには度々招かれ、気持ちの良い交流をしています。それだけにね……。

村上　話は飛ぶけど、おともだち内閣をつくってけしからんって言われて、安倍さんは側近を全部切られたわけだ。言うなら大坂冬の陣。

筆坂　外堀を全部埋められてしまった。

村上　そう。埋めたのは麻生さんですよ。味方の麻生さんが埋めたんです。安倍は塩崎恭久を幹事長代理に据えたかったと側聞するが、麻生が「殿、塩崎や菅《すが》（義偉《よしひで》）をそのまま使うとおともだち内閣はまだ持続してると言われるよ」という大義名分を口にして安倍さんを裸にしてしまった。だから安倍さんは本心で相談できる人がいなくなってしまった。

平野　そうした知恵をつける能力は麻生さんにありませんよ。麻生グループの中に知恵をつける人物がいたんです。鴻池（祥肇）さんとかね。鴻池さんはああいう姑息なことをけっこう考える。ねえ筆さん。僕らと仲良しだったけどね、鴻池さんは（笑）。塩崎官房長官らを「少年官邸団」と揶揄《やゆ》したのも鴻池さんです。その他何人かアドバイザーがいるんです。麻生さんはそれに乗ったのでしょう。

村上　鴻池さんは悪知恵の働く策略家ではありませんよ。直球勝負一本で嘘の言える人ではない。政治家は喉頭がんになるのが多いでしょう、嘘を言うから。

筆坂　（笑）わかりやすすぎる診断だ。

村上　麻生さんがどうだとは言わないが、政治家は自分の顔に自分で責任を持たないといけませんね。顔は大事です。内面は顔に現れるんですよ。これを唯心所現と言います。

筆坂　僕は共産党をやめたらいい顔になったって言われた（笑）。まあ、大した顔じゃないが。

平野　いやいや、なった。僕は国会議員になったら悪い顔になったって、昔共産党の議員に言われたよ（笑）。

幹事長は寝首をかかないトリックスターを

村上　幹事長を決めるときに重要な一つのポイントがあると思う。それは絶対反旗を翻さない、寝首をかかない人物にするということです。つまり、裏切ることのない忠誠心の強い人を選ぶことですよ。

筆坂　田中内閣時代に官房長官、幹事長を歴任した二階堂進なんか、「趣味は田中角栄」と公言していた。武部も「偉大なるイエスマン」と言っていた。

村上　そうそう、そういうのを置くわけです。僕はね、小泉さんが武部さんを幹事長にしたのと、今回の福田さんが伊吹文明さんを幹事長にしたのと、ちょっと似たところもあると思うんですよ。予想外の抜擢人事をやってやれば必ず恩義に報いる。

筆坂　たしかに二人とも下馬評にもあがってなかった。

村上　だから忠誠を尽くすんですよ。そういうところを、福田さんは考えたと思う。それからテレビなどでの伊吹さんの発言力を買ったと思う。彼は度胸もいいし、理屈も立ち、説得力もあって堂々とやれますから。福田さんはしゃべるのはあんまり得意じゃない。

それに伊吹さんなら寝首をかかない。ナンバーツーだとは誰も思わないから。武部さんをナンバーツーだと誰も思わなかったのと同じですよ。

平野　補足すると、歴代の自民党政権で長続きした政権の幹事長にはある特徴があります。たとえば中曾根内閣の時の金丸さん。要するにトリックスターでいいんです。幹事長が優秀でべらべらしゃべっちゃダメなんですよ。おかしなことをしゃべっても「あの男なら仕方がない」というので批判されない、政権維持にはそういうピエロ役が要るんですよ、武部さんがそうでしたよ。だから小泉さんは成功した。伊吹さんはトリックスターにはならんですよ、いちばん。

筆坂　大蔵官僚だからな。

平野　もっとも人望のない一人ですよ。官房長官に町村信孝さん、幹事長に伊吹さん。この二人をいちばん人望のある顔をせにゃならんポストに就けたっていうのは、福田さんの意向じゃないでしょう。

村上 森さんでしょう、特に町村さんは。

平野 森操り人形内閣みたいなもんだ。これは大失敗だと思う。この間、町内会の女性の集まりに行ったら、伊吹さんと町村さんの顔を見たら嫌になる、この政権が長持ちするとは思えないってみんな言ってましたよ。

筆坂 うちの女房なんかも言うよ。女の直感は怖いよ（笑）。

村上 古賀さんよりはいいよ（笑）。茨城県会の長老で当選十四回八六歳の山口武平氏が古賀さんを評して、「ヨタ者だね」と言い捨てた。辞書を引くと、ヨタ者とは不良の徒、ヤクザ者、手のつけられない者とある。ここまで言われた人が党の選対委員長として四役入りした。本人も党も言われっ放しなのかね。

平野 それから谷垣のように利口すぎるのは駄目なんです。

村上 あれは官僚ですよ。加藤の乱を思い出しますね。まだまだヒヨコの感じだね。

平野 だからやっぱりトリックスターっていうのは大事なんですよ。

筆坂 確かに伊吹さんっていうのはああ言えばこう言う、こう言えばああ言うっていうのはものすごく上手よ。何言われたって顔色一つ変えずにね、「蛙の面にションベン」ですよ。

平野 それは野党の議員に力がないから負けるんですよ。彼は本質論言わせたら弱いんですよ。

村上　だけど伊吹さんは官僚出身としては律儀で全方位で人間関係を拡げている。それには感心させられます。鈴木宗男と関係があるなんて思えないでしょ。ところが深いんですね。

筆坂　伊吹さんがですか、へえ。村上さんの誕生祝いパーティーにも来てましたね。

村上　だから福田さんとも意外なところで二カ月に一回ぐらい飯を食ってる。中曾根さんとも京都に行ったり、綿貫さんともワインの会というので月に一回はテーブルを囲んだり。そういう点、官僚上がりに似合わず義理堅い。現職大臣であってもここ（村上正邦事務所）へ来てくれるんだから。いないですよ、そんな義理堅い人は。伊吹さんはそうした目配りができる男なんです。

筆坂　あの人は個性や能力もあるけど、京都で共産党と喧嘩して鍛えられたと思うな。

平野　うまいこと言うね（笑）。なるほど。

筆坂　京都選出の自民党っていうのは野中さん、伊吹さん、みんな弁が立ちます。

村上　谷垣さんもそうだ。一見、ソフトな物腰でお公家さんだけど、弁は立つ。

筆坂　なんで弁が立つかというと、あの地域は蜷川王国だったでしょう。つまり共産党王国ですよ。そこで自民党が勝ち上がるのは並大抵のことじゃなかった。しかし、ものすごい執念で蜷川革新府政を引っくり返してしまった。弁の立たない議員は、京都では勝ち上がれないんですよ。

平野　谷垣の親父（専一）は弁が立たなかった、私が秘書を務めた前尾繁三郎衆議院議長も立たなかった。

筆坂　だから蜷川府政を倒せなかった（笑）。

いつも神輿に乗ってる人

筆坂　さて、その福田政権ですが、どこまでもちますかね。

村上　不測の事態が出てきてもおかしくない今の政治状況ですから、油断も隙もありませんぜ。

平野　福田には国会で質問したこともあるし、父の元首相も知っているが、私は、性格は合うほうなんですよ。

筆坂　変わりもん同士ということ（笑）。

平野　お互いに認め合ってるっていう意味で、そして政治嫌いという意味で、です。権力を無理矢理取りにいこうとしないところは似てるが、彼の欠陥は決して癒しタイプでも、論理タイプでもないところ。根っこが非常に感情的ですから。外形を理屈で包む。しかもその包み方が上手ではない、人間が誠実だから。痛いとこ突かれると……。

村上　感情的でキレ易い。

平野　二〇ボルトか三〇ボルト程度の電気で反応するんですよ。

筆坂　僕は福田さんに対してものすごく不愉快な思いをしたことがありますよ。内閣委員会に所属していたとき、たまたまエレベーターで一緒になった。「官房長官も大変ですね」と声をかけたら、「共産党はもっと大変でしょ」って言うんだよね。当時、福田さんは官房長官で拉致問題を巡って民主党の若い議員から厳しい追及をされていたから声をかけただけなのに、あまりに失礼な反応にムッとしましたよ（笑）。世間常識のない男ですね。

平野　そこに感情が出てきてるんですよ。

村上　拉致問題で北朝鮮から五人帰ってきたとき、安倍さんは北朝鮮に帰すべきでない、福田さんは帰すべきだ、という立場だった。この点を総裁選の討論会で麻生さんが指摘したら、福田さんは「あなたは外務大臣やってたんでしょ。よく資料を紐解《ひもと》いてくださいよ。私はそうは言ってない」と言うんだね。「約束していて帰さなかったら、どうなるのと言った」にすぎないと言うんだね。しかし僕らはあのとき、あきらかに福田さんは帰すべきだと言ったと受け取っている。

平野　そこそこ。そこの言い回しを突けば、福田さんは破綻しますよ。なんと言おうとあなたの言動は、帰すという流れをつくろうとしたんじゃないかって追及する必要があるんです。

村上　福田さんは、自分の手によって拉致問題を解決すると大見得を切ったが、その道筋は全然見えていない。自分の内閣で解決したいという発言にどういう根拠、裏づけがあるのかと聞きたい。

もう一つは、親父の赳夫さんの血を引いたのかなあ、とも思ったりもするんですよ。というのは福田赳夫さんが首相のとき、例のハイジャック事件が起きた。

筆坂 バングラデシュのダッカでしたね。「人命は地球より重い」というので超法規的措置をとって身代金の支払い、服役中の犯人グループの仲間を釈放した。

村上 この言葉からいけば、福田康夫は親父の血を引いて、人命を尊重するという立場で、拉致問題に本気で取り組むのかとも思うが、なかなかねえ。

彼は、親父さんの後を継いで選挙にでるわけだが、それまでは次男の横手（征夫）さんが後継者だと見られていた。ところが次男の横手が病気になったため急遽彼が後継者になったと言われているが、長男が家を継ぐべきだという母親の一言で決まったという説もある。

平野 次男が親と喧嘩したんでしょ。

村上 らしいですね。ただ彼とすれば、私は政治家になる意志はなかったと、こう言ってるわけですよ。たまたまお家の事情で俺は政治家になったんだと。

平野 政治家を馬鹿にしてた。

村上 今回もそうです。総理になる気はなかった、「貧乏くじかもしれない」と言うんだから。

平野 ちょっとアナーキーなところあるんですよ。

村上　要するに、いつも神輿に乗って勝てるから出馬している。衆議院議員になる時も、総理になるのも、たまたままよと、風の吹くままに身を任せて。こんなことで政治家としての気概が生まれるか、非常に疑問ですよ。一国の総理たる者は、高い志と強い責任感を持つべきでしょう。親父さんはここ一番「吾が輩が出でずんば」との使命感を持っておられた。

筆坂　かつての自民党総裁、総理と言えば「三角大福」（三木武夫、田中角栄、大平正芳、福田赳夫）、「三角大福中」（中曾根康弘が加わる）、全部自分で派閥を養い、合従連衡に苦労し、戦い取ったわけですよ。こういう人はそれぞれに構えも、経綸もあった。だから少々叩かれようが、何されようが簡単に政権を手離したりはしなかった。

そうでない人は弱い。海部さんがそうでしょう。安倍さんだって戦い取ったんじゃなく、担ぎ出されただけの話ですよ。小泉さんは、大派閥相手に自分の力で戦い取ったんですよ。

村上　何回も何回も挑戦してね。

筆坂　だからあんなに強かった。だから福田内閣が果たして耐えられるのか、と思いますね。

村上　苦労して摑み取ったものほど愛着が出ますからね。福田さんに粘り腰はありませんよ。権力を手に入れるにしても、国会議員になるにしても、血みどろになって戦わないと愛着が湧かない。愛着は執着とは違うんですよ。

易では優柔不断、短命、立腹するとボロ

平野　私は福田さんを怒らせるテクニックを知ってます。内閣官房機密費問題について、決算委員会で福田官房長官（当時）を追及した際、彼が「機密費は会計検査の対象でない」と答弁したものだから、「そんな基本的なことがどうしてわからんのか。それは昔の憲法だ。会計検査院法にもちゃんと書いてある」と指摘して、「あんたの親父はこうしたことについてしっかりした知識を持って日本の政治全体を指導していた」と言ったら、怒っちゃってね。

筆坂　そうだろうな（笑）。

平野　議論で怒るのはいいんですが、委員会が終わって廊下へ出てまで僕に食ってかかるんですよ。「平野さん、あんた、私が森内閣でどんなに苦労してるかわからんはずはない。なんで親父ばっかり褒めて私を追及するのか」ってね。

だから菅直人や長妻昭に、父をうんと褒めて「おまえは何だ」ってやれば、福田はすぐ頭に血が上る、と知恵をつけようかと思っている。小沢じゃ、そのテクニックは使えないけどね。

村上　親父に対するコンプレックスか。そういえば、康夫氏は親父と比較されることを極端に嫌がる。私は私、親父は親父と平然として言い放つ。

平野　福田康夫さんの易を見てもらったんだけど。

村上・筆坂　へえ、面白いいんじゃゃん。

平野　これ（現物を示しながら）、広島におもしろい易者がいて、しょっちゅうレポートをくれるんです。福田の基本的性格については、外面はお人好しの俠気不調和型。俠気は「六分の俠気、四分の熱」というあの俠気。不調和型、要するに俠気がありそうで調和しない。

筆坂　「妻をめとらば才たけて　みめ美《うる》わしく情けある　友を選ばば書を読みて　六分の俠気四分の熱」のあれですね。与謝野鉄幹の詞の一節だ。

平野　内面は急に弱気になり、迷いが生じ、優柔不断になる。トップリーダーとしては短命。

筆坂　ほう、短命。

平野　これが易です。あと一歩で駄目になるタイプだ。それから色気を出すと駄目になる。それから富中の貧人、人に利用され大きな損をする。それからこんなことまで言ってるんですよ、質問戦で立腹させるとボロが出やすい。

筆坂　なかなかいい見立てだ（笑）。

福田内閣の弱点は政治とカネ

村上　福田内閣の弱点の一つは政治とカネですよ。今度の福田内閣で、小幅改造だったが福田総理自身にカネの問題が出てきた。彼は「信頼を取り戻すことが私の役割です。政治はそこに基本を置かなきゃならん」と言ってるわけですが、最初からそれが崩れ始めている。

平野　伊吹文明さんはカネの問題があるから、閣僚ではなしに幹事長になったんでしょう。

村上　だがその党四役からしてカネの問題が多い。古賀誠さんが選対委員長になったのは、実《じつ》をねらったわけですよ。それに二階俊博さんにも和歌山のグリーンピアの不明朗なカネの問題がある。週刊誌等の報道によると常に噂になっている人たちですよ。その党四役に古賀さんと二階さんがなった。閣僚の中にもカネの問題がある。果たしてどこまでもつかですよ。

筆坂　民主党も渡部恒三最高顧問の政治団体が名義借りの事務所に多額の事務所経費を計上していたことが発覚して、最高顧問を辞任しましたよね。

村上　そこなんです、間髪入れずに最高顧問を辞任したのは正解です。小沢さんであれ、誰であれ民主党は厳しく対応しなきゃ駄目ですよ。そんなことで追及の矛先が鈍るようだと国民から見離されます。民主党が金の問題をどこまで追及できるか、解散の時期にも影響してきますからね。衆議院解散は常識的には来年度予算が成立して以降ですが、僕はそれまでに不測の事態が出てくるような気がしている。今、政治全体が不安定状況に突入しており、何が起きてもおかしくない。それに持ちこたえるだけの自民党の基盤がもはやなくなっている。もうグラグラしている。

筆坂　安倍辞任だってそうだものね。誰もあの時点で辞任するなんて思っちゃいなかった。

二世、三世議員が日本を滅ぼす

筆坂　それとね、福田さんもそうだけど、僕はやっぱり二世、三世議員があまりにも多くなりすぎていると思う。民主党にもいるけど、自民党なんかすごい比率でしょう。

村上　七月の総裁選でも本質議論が全然行われないんです。物事を深く、そして先々を見通す力を持った人物がいない。それは二世、三世だからなんです。ただ勝つか負けるか、いかにして勝ち馬に乗るか、ポストはどうなるか、それだけなんですよ。二世、三世は。

田中角栄なんていつだって破れかぶれでしょ。ケツまくるのも平気だった。生まれながらにして俺は裸だという。あれだけ財産つくったから裸じゃないけど、本質的には裸だ。

ところが血筋のいい人、家柄とか育ちがいい人は、祖父や親父の顔に泥を塗るようなことはしたくないという、守りの心理が働く。

我々は、歌舞伎でたとえれば成田屋、成駒屋などの屋号が見たいんじゃない、その役者の芸が伝統ある流派の真髄をいかに継承してるかを見たいわけです。政治家だって同じですよ。先代は、あの明治維新を見ても、命を投げ出してでも近代化を図るという強い志を持って、たとえ清貧でもいい、自分に強い矜持を持ち生きてきた。ところが血は受け継いでいるが、祖父や親父の志や精神、生き様を学んでいない。そこに二世、三世の欠陥、日本の政治の悲劇がある。

筆坂　政治は家業でも稼業でもない。それじゃいけないんだが、現実はそうなっている。

平野　政治家になってはいけない人間が政治家になって、高い地位に就いてるっていうところに、日本の民主主義の問題があるんですね。

僕は、麻生さんのお祖父さんの吉田茂元総理から最後の薫陶を受けた人間ですけど、彼は高知県宿毛出身の自由民権運動の闘士竹内綱が芸者に生ませた子供なんですよ。それですぐに横浜の貿易商で、大資産家だった吉田家の養子になる。物心ついてから、彼は金持ちのところへ養子にやられたもんだから、カネが恨みなんですよ。絶対全部使い切ってやるっていうんで、一生に使った金が二〇〇億円というんだからね。それで外務省に勤めて新橋の料亭から馬車で通ったっていうんだからね。そのぐらい無茶苦茶なことをやった。

ただ、猛烈に思想信条がはっきりしていて、私が共産党入党寸前っていうときに、「二年間、自分と林譲治（衆議院議員）が推薦するところで黙って世の中を見ろ。政治を見ろ。それでも自分の主義主張が変わらなかったら、俺らが親父を説得しておまえの好きな道を歩ませてやる」と、そう言ったんですよ。これが明治の人間の思想ですよ。当時の保守の人間のスピリッツですよね。そう言われたら、入党しませんよ。

村上　僕は麻生太郎さんの一面を知ってる。赤坂の料亭「松亭」で河野洋平さんや麻生太郎さんらとよく飯を食ったものだが、そこで見たのは、これがあの麻生さんかと思う姿なんですよ。河野さんと一緒に行くと座敷に座るでしょ。麻生さんは洋平さんの上着を取り、衣紋掛《えもんか》けに掛けるんですよ。帰る時には、その上着をさっと洋平さんに着せる。そして先に玄関に下りて、靴をそろえて、靴べらを渡す。僕は偉いなあと思いましたよ。そうした人に対する仕え方を麻生さんはどこで勉強したんだろう、そう思って彼を見たことがありました。

筆坂　彼は経営者だったから、そういう点じゃ商売の苦しさを知ってるでしょう。

村上　いやあ、彼は商売の苦しさなんて知りませんよ。福岡の飯塚という町に一歩入ったら、麻生ばっかりだから。麻生セメントから麻生自動車から麻生病院から麻生、麻生、麻生だから。

筆坂　東京の自宅も福岡の自宅も、隅っこをちょっと貸してほしいぐらい広大な屋敷だよねえ。

平野　そもそも親父の麻生太賀吉という政治家に問題があるんですよ。福永健司、保利茂、麻生太賀吉、坪川信三は、麻雀ばっかりやってたんだから。吉田側近の中でいちばん評判が悪かった。それで林譲治、小沢一郎の親父の小沢佐重喜、益谷秀次なんかが苦労ばっかりしてた。

村上　私は散々聞かされてる。それから河野一郎、洋平、太郎と続くこの親子三代ですよ。

平野　やっぱり太郎っていうんだね、三代目は（笑）。

村上　河野一郎が亡くなったのが昭和四十年（一九六五年）ですが、河野派の継承をめぐって中曾根さんと千葉の森清さんの争いになるんですが、河野一郎さんの後始末に八億円もかかるというので中曾根が逃げるんですよ。その後、園田直が衆議院副議長になって、翌年から園田と一郎さんの弟の参議院副議長だった河野謙三さんが後始末をするんですよ。

それで八億という金が必要で、その金を日証という関西の金貸しから大堀省三さんって知ってるでしょ。

村上　うん、知ってる、知ってる。

平野　彼が八億円都合をつけて、その話をつけたのが宇野宗佑さんです。宇野さんは中曽根派じゃなかったんですが。それから河野謙三、園田直、宇野宗佑で始めたわけですよ。大堀省三さんから金を都合してもらった。

それで口の堅い役人が事務長としてやってるのがいいということで役人の私が事務長やったんですよ。

そのときに小針暦二、これが不動産屋で。

筆坂　福島交通の。

平野　うん、那須の、まだ福島に行ってませんけどね、那須の国有地払い下げで河野一郎と関わって、警察は指名手配はしてないけど、探していたわけですよ。小針を全国逃げ回らせておいて、私の宿舎を小針の連絡場所にしていた。それでいろいろ始末したんですよ。警察とも話つけて、誰も文句がないように金で解決したんですが、金が余りましてね。その余った金を宇野宗佑と河野謙三と園田が分けて、赤坂の若い芸者を身請けしましてね。それを役人の私に手伝わせるのだからひどいもんですよ。

筆坂　それ全部書こうね。

平野　この際いいですよ。

村上　（笑）面白いね。歴史は人物が登場してくるから面白いのだ。

平野　氷川町のマンションに住まわせて、私に「平野君、悪いけど秋葉原へ彼女と一緒にテレビ、洗濯機、それから冷蔵庫、新婚の顔して買いに行ってくれ」って、そういうことまでやらされたんですよ。河野洋平さんはそのころアメリカかどっかに行って、遊びまくっていた。

村上　田中眞紀子さんも同じ頃アメリカに留学していたんですよね。

平野　田中眞紀子さんとか、それから浜田マキ子さんとかが噂の女性だ。他人が親父の犯罪の後始末を苦労してやってるのに、平然としてね。

筆坂　遊びまくってる（笑）。

平野　まあ、それはいいけど、そういう親の不正の上に自分たちの政治の基盤がある。

村上　なのにきれいごとばっかり言ってるよね。

平野　そう、それで自民党を何度も混乱させてきた。

筆坂　初代で高い志を持っていた政治家ももちろんいた。吉田茂にしても、福田赳夫にしてもやっぱり魅力があるもの。同時に、相当汚いことに手を染めてきた人も多かった。それで大資産をつくって大邸宅に住んできた。潤沢な選挙資金のルートも作ってきた。二世、三世というのは、この地盤、看板、カバンの「三種の神器」を受け継いでやってきたにすぎない。このことへの羞恥心がないと思う。

平野　政治家に老舗なんてないし、いらないいんですよ。家業じゃないいんですから。

誰が生徒か先生か？　まるでメダカの学校

筆坂　自民党総裁選挙について、コラムニストの勝谷誠彦が面白いことを言ってましたよ。「ゴキブリホイホイ」だって。安倍内閣ができるときは、安倍支持にゾロゾロ集まった。今度も麻生派以外の派閥の長は、あっという間に福田支持に集まった。その点では麻生太郎は男をあげたと思う。額賀福志郎などはまっ先に手をあげて「先頭に立つ」と言いながら、肝心要の自派閥・津島派からもそっぽを向かれ、すごすごと撤退せざるをえなかった。この光景を指して「先祖返り」だという意見があるが、それは違う。昔の派閥領袖なら、こんな無様な姿をさらけ出したりはせずに、勝負したはずだ。

村上　その通り。そもそも派閥の長だというのに、総理・総裁を目指そうという人物が座っていない。だから長といっても何の権威もない。昔なら子分がゴチャゴチャ言えば「出て行け」と怒鳴ったが、いまじゃ子分が出ていくというと親分が頭を下げて「出て行かないで」とお願いしている。だから僕は「メダカの学校」だと言っている。誰が生徒か先生か、わからない。

かつて三角大福とか三角大福中という時代には、派閥の長は常に政権を意識して天下人を目指して自民党の中で切磋琢磨し、兵を養ってきたわけね。そりゃ莫大な金を使うということもあったけど、でもそれぞれの派閥領袖は経綸を持っていましたよ。

平野　そもそも安倍の総裁選出のやり方っていうのは異常でしたからね。主義主張関係なく、家柄と顔で、選挙の顔で選んだ、そういう自民党のアホさの象徴だった。今度の福田さんだってそうですよ。古賀誠、山崎拓、谷垣禎一の三派閥の会長が雁首揃えて福田に総裁選出馬のお願いに行っている。自分が立候補する気魄も、見識も持っていない。無様という他ない。

筆坂　安倍さんの場合、売りといえば拉致問題での北朝鮮圧力路線とあとは母方の祖父が総理を務めた岸信介、父方の祖父も衆議院議員、父は幹事長や外務大臣を歴任した安倍晋太郎という華麗なる三世議員というぐらいじゃないですか。今度も父が総理だった福田さんと祖父が総理だった麻生さんの戦いだった。

安倍さんのときには、みんなが安倍さんになびいた。今度はさすがに多少は麻生さんに流れたが、国会議員の多くは福田さんになびいた。要するに勝ち馬に乗って大臣の椅子や公認問題で有利になろうということ。すべて「自分のため」というのが行動の基準になっている。その最たるものが各派閥の領袖や多くの小泉チルドレンだ。小泉チルドレンの中でまともだったのは杉村太蔵君だけじゃないか（笑）。

村上　「寄らば大樹の陰」というので自分の生き残りだけを考えている。その中で集団的な合議制の中でとりあえず誰かをリーダーに、というだけ。すべてとりあえずなんだ。適格性があるかないかという基準になってない。

アカウンタビリティー能力の欠如

村上　ところでいつから日本はこんな国になってしまったのか。企業でも食品の偽装や生保・損保の保険料未払い、経団連会長企業まで偽装請負をさせている等々、次々と不祥事が発覚するがまともに説明責任を果たしているのを見たことがない。政治家は政治家で絆創膏の説明すらできない。国技と言われる相撲界でも、朝青龍の仮病問題、新弟子のリンチ事件と大変なことが起こっているのに、理事長はまともに説明しようともしない。横綱が出場停止になった秋場所初日の協会挨拶で北の湖理事長は朝青龍問題についていっさい触れなかった。亀田親子のボクシング界もそうだ。

筆坂　日本相撲協会はひどいね。亀田親子の言動は不愉快極まりないものだった。

村上　僕は角界と長い付き合いがあるから余計に思うが、なぜ相撲協会が朝青龍に謹慎、二場所出場停止という断を下したのか。横綱たるものが地方巡業に体調が悪いと言って欠席しながら、モンゴルに帰ってサッカーをやっていた。しかも日本に戻ってきても記者会見も謝罪もせず、またモンゴルに帰ってしまった。こんな我儘を許してどうするんですか、びしっとクビにすべきだ。また、こんな弟子にしてしまった師匠や理事会も責任をとらなきゃ示しがつかない。横綱審議会も煮え切らない。

筆坂　一生懸命頑張っている力士が可哀相ですね。

村上　そうでしょ。それなのにその筋論を誰も言わない。時津風部屋のリンチ事件も酷かった。

平野　日本の政治も同じだ。

村上　そうです。誰も責任を取ろうとしない。説明責任も果たさない。プロボクシングの亀田親子の問題もまったく同じ構図です。人間として基本ができてないのがそもそも挑戦者に選ばれること自体が、おかしい。勝負の世界と言っても勝ちさえすればいいというのではない。頂点に立つ者には品格が求められるのです。剣豪の宮本武蔵は「心正しからずんば、剣また正しからず」と言ってます。亀田問題は、日本の歪《いびつ》な社会を象徴している。為政者の問題であり、教育の問題ですよ。それからたとえば玉澤徳一郎さんです。一枚の領収書を五回も使い回ししていたことがばれてしまった。記者会見をして、責任をとって衆議院の政治倫理審査会会長を辞めます。自民党を離党します、と言う。これで責任をとったことになりますか。政倫審の会長を辞めるのは当然ですが、自民党を離党することが責任とどんな関係があるんですか。要するに自民党に迷惑をかけるから離党するということであり、自民党に対して責任をとっただけでしょう。そもそも彼は比例の当選だ。離党すれば本来辞職するしかない。比例の問題はここにもあるんです。結局のところ肝心要の国民に対しては何一つ責任をとってないでしょう。

筆坂　最近の謝罪会見などを見ていると一事が万事その調子ですよ。何か失敗したり、悪事がばれると常套句で「誠に遺憾です」と言う。これぐらい無責任、無反省な言葉はありませんよ。日常生活でこんな言葉使いますか。隣近所の人に迷惑をかけた時、「誠に遺憾です」などと言ったら張り倒されますよ（笑）。そもそも「遺憾」というのは、「思い通りにならずに残念です」という意味ですから。要するに他人事なんですよ。政治家は、もっと普通の言葉で、世間に通用する論理でしゃべらないとますます信用されなくなりますよ。

平野　原因ははっきりしてます。カネですよ。価値観の中心がカネ。朝青龍は稼ぐから、協会も高砂部屋もはっきり物が言えない。亀田親子とＴＢＳもそうです。自民党の政治も同じです。

村上　昔なら双葉山など真剣に相撲道というものを探求した。人格的にもいかに自分を磨いていくか葛藤したものですよ。政治の世界だって、わずかの金額の領収書を何回も使い回すなどというみみっちいことに精を出すのじゃなくて、いかに国民に尽くすか、国の進路の誤りなきを期すか、ということに精神を集中したものです。一円の領収書だとか、つまらぬ議論をいつまでやっているのか。笑止千万だ。

危機管理能力がなくなった自民党

村上　民主党が考えなきゃいかんのは、参議院選挙で大勝したのは相手側の油断、自民党のエラー、失策だということを頭に叩き込んでおくことだね。国民を甘く見ているのではないかね。

筆坂　たしかにここで浮かれていてはいかん。しかし野球でもそうですが、エラーをするにはそれなりの理由や背景がある。練習不足や、チーム自体の危機意識が欠如しているとか、もともと才能がないとか、様々な理由がある。だから大事なところでエラーが出る。

年金だってそうでしょう。民主党は去年から指摘していた。この時にただちに手を打っておけば大きな傷にはならなかった。それが放ったらかし。事の重大性を理解できなかったからですよ。政治資金でもそうですよ、他の用途に使っていたのに事務所費として処理していた。政治家が厳しく情報公開を問われる時代に入っていることを認識していなかった。そしてゴキブリホイホイの安倍の総裁への選出でしょう。自民党議員や党員が自分のことより、国のこと、国民のことを大事に考えていたならあり得なかった。

つまり自民党自身の歴史的な劣化、腐朽がもたらしたエラーであって、構造的な原因がそこにはあるんですよ。

村上　自民党は、危機管理が出来なくなっている。首相がかばい続けた松岡利勝がカネの問題で自殺をした。現役閣僚が金権スキャンダルで自殺に追い込まれるなんて憲政史上初のことですよ。私は松岡のことはよく知っています。実は自殺当日も夕方赤坂で会う予定だった。だから個人的には可哀相に思うが、本来なら内閣総辞職に値する大事件ですよ。その後釜が絆創膏だ。

「女性は産む機械」発言の柳澤厚生労働相も、「原爆投下は仕方ない」発言の久間防衛相も罷免に値する大暴言ですよ。これも罷免しなかった。

こんなにエラーが出たら勝てるわけがない。民主党だってそれほど期待されたわけじゃない。歴史の振り子が動いただけだよ。

筆坂　たしかに危機管理が出来ていない。その原因の一つに、郵政民営化選挙での自民党大勝があると思う。圧倒的な多数を握ったために、何をやっても許されるという錯誤に陥ったんですよ。その筆頭が安倍です。十数回も強行採決を行った。こんな国会はないでしょう。どんなスキャンダルがあっても乗り切れる、野党は抵抗できないと読んだのです。

片山さつき、佐藤ゆかりといった小泉チルドレンとその親分、武部前幹事長の厚かましい、思い上がった態度は度し難いものがありますよ。日本の政治の恥部ですよ、彼らは。

村上　七月の総選挙の第一線の司令官は青木幹雄議員会長でしたが、その青木さんが城主の島根で次期幹事長と目されていた景山俊太郎さんが落選した。自民党敗北の象徴ですよ。

岡山では片山虎之助幹事長、言うならば筆頭家老がSM不倫姫に負けた。この二人が敗れただけでも青木城主は切腹しなきゃならん。それに加えて選挙区で六勝二三敗ですからね。青木の完全な敗北ですよ。

平野　惨敗ですよね。我々が三人で『参議院なんかいらない』を出版した時、かくも自民党が負けるとは思ってませんでした。しかし我々の考え方としては、この選挙を通じて参議院の存在意義を示していく、参議院の権威を復活するためには自民党は負けたらいいと思っていた。

村上　ここまで惨敗したらいいとは思わなかったが、それにしても我々の考えてきたこと、主張してきたこと、我々がこれから先の議会政治を考えて問題提起してきたことが、ズバリと当たった。参議院選挙が終わってから本を購入した読者から、「今の国会がいかに問題が多いかよくわかった」とか、「第五章の参議院改革論は読みごたえがあった。参議院のあり方を真剣に考えた上で改革のアイデアを語っている」などの声が寄せられているんですよ。

筆坂　「老いてますます盛ん」という感想には、お二人はともかくまだ五〇代の私には抵抗がありましたが（笑）。

村上・平野　俺たちだってそうだよ（爆笑）。

筆坂　少し長いスパンで見ると自民党は長期低落傾向から脱してはいない。小泉内閣は、その過程で一時的に咲いた徒花《あだばな》なんです。しかしその小泉にしても勝った選挙っていうのは、小泉が首相になった直後の参議院選挙と郵政民営化選挙だけです。あとは負けてる。

つまりそれだけずっと長期の低落傾向にある。そこに輪をかけたように出来の悪い安倍内閣ができた。そういう意味では必然的な惨敗だったといえる。

平野　自民党の理念と基本政策がもう役に立たなくなったっていうことなんですよ。

村上　国民は今、政治家のカネの問題を政権選択の大きな柱にしている。しかし自民党政権が続く限り、この問題はなくならない。これからも次から次へと出てくる。石川五右衛門の「石川や浜の真砂は尽きるとも　世に盗人の種は尽きまじ」ですよ。政治資金規正法を変えるとか言ってるけれども、そんな瑣末なことではなしに、根本的なメスを入れなきゃ駄目ですよ。永田町の生簀《いけす》は腐り切ってしまっている。新しい酒は新しい革袋に入れるべきだ。平成維新を断行せよと叫びたい。

筆坂　自民党内から玉澤の責任を問う声があがらないのは、みんな同じことをやってるからですよ。恐らく秘書とかが集まれば、「いやあ、また政治資金収支報告を出さなきゃいけない時期だよね。うちの先生領収書を貰ってこないから困ってんだよ」「そんなの領収書をコピーして使い回しすりゃいいんだよ」「そうやってるの？」「うん、うちなんかそうだよ」って調子でやっているのでしょう。

村上　不正な行為をしている者を「罪なき者石もて打て」と言える議員が何人いるんでしょうかね。政党助成金、これをなくせばいいんです。そこからおかしくなるんですよ。

厳然として生き残る派閥政治

平野　それからもう一つ自民党の派閥の問題があります。福田は、これは派閥政治でないと言うが、とんでもない話です。

村上　派閥政治というものが、みんなわかってないんです。

平野　ほんとに派閥政治でなかったらこんなこと言う必要ないんですよ。要するに派閥が変化した、余計巧妙になった派閥政治なんです。だからものすごく陰湿になっている。

村上　そうです。派閥が分裂すればするほど、少数派閥が林立し、巧妙化されている。

平野　同じ派閥でも、福田さんに入れた人、麻生さんに入れた人がいるから派閥の機能がなくなったなどと言ってるが、それは違います。ただバランスを取ってるだけなんですよ。

村上　ある人が僕に、「伊吹さんが幹事長になって良かったね」と言うわけ。伊吹さんは同じ志帥《しすい》会という派閥で、当時、彼や与謝野馨に頼まれて僕が派閥の初代会長を引き受けた関係だったことを知っている。だから僕は、なかなか事はそれほど単純じゃないよ、と言った。伊吹さんが幹事長になったといっても、選挙関係は一切古賀さんが掌握したわけですから。幹事長の仕事を半分持っていった。そして派閥の数の力が効く。古賀さんは「俺は四六人持ってる。幹事長選対委員長として四六人をバックに幹事長に物言うよ。幹事長、あんたのところは何人いるんだよ」となる。伊吹さんのところは二五人。つまり、これが自民党内での発言力の源泉なんです。伊吹さんの発言力は弱まってゆく。それが自民党、やっぱり派閥の数の論理がまかり通る世界なんです。伊吹幹事長の腕の見せどころになりますよ。政党組織の秩序から言えば、選対委員長は幹事長の指揮下に入るべきです。選対委員長が党四役に昇格したと言っても、その則《のり》を心得るべきでしょうね。今後は古賀さんの人間としての幅や深さが測られることになりますよ。

第二章 したたかな自民党と政権交代の可能性

自民党は冷戦体制と五五年体制の残滓

筆坂　僕は、自民党という政党は耐用年数が過ぎた政党だと思うんですよ。

もともと自民党は、一九五五年一〇月左右社会党が合同して日本社会党が誕生したのに対し、その一カ月後、日本民主党と自由党が保守合同して誕生した。いわゆる保守・革新の二大政党が対決する五五年体制の成立ですよね。これは国際的には米ソ対決、冷戦体制を反映したものだったと思うんです。

平野　その通りです。

筆坂　ところが九〇年を前後して東欧、ソ連の社会主義体制が崩壊していく。中国も市場経済化を進めざるを得なくなる。日本共産党以上にソ連や中国との関係を深めていた社会党は、この影響をもろにかぶることになった。自民党に対決する基軸を失ってしまった社会党が解体に追い込まれたのは、その意味で当然だったと思うんです。

しかし五五年体制というのは、自民党と社会党とでもたれあいながら、小沢さんが言うように地下水脈でつながりながら維持されてきた。ですから一方の極が失われればバランスが崩れる。自民党最後の単独政権となった宮澤内閣が退陣し、非自民の細川政権が誕生するのが九三年ですから、ソ連崩壊の二年後です。つまり、自民党は冷戦体制と五五年体制の残滓といえる。

村上　しかも半世紀近くも自民党は単独政権を維持してきた。膿もたまるわけですよ。リクルート、東京佐川急便、ゼネコンと、この時期に政治とカネの汚い関係がボロボロ出てきます。
筆坂　それも偶然ではないでしょう。社会主義体制が崩れたということは、資本主義国、多国籍企業から見れば新しい巨大市場、市場経済の地域が誕生したということです。九〇年当時、アメリカは親父のブッシュが大統領だったが、こんな演説をしていますよ。「共産主義が崩壊した今日、極東やアフリカで自由な市場が完全に花開く時だ」「あらゆる場所で市場開放に努めよう」と。九三年に大統領になったクリントンは、共産主義封じ込め戦略から、唯一の超大国となったアメリカの拡張戦略に転換する、と演説してます。要するに資本主義のあり様もグローバリゼーションという方向に大きく変わったんです。
　つまりね、旧来の自民党の国内での利権あさり政治ではもたなくなってきたんです。この変化をもっとも敏感に感じ取っていた政治家が小沢さんではなかったのか、と思います。『日本改造計画』を読んだときそう思いました。
平野　その通りです。平成元年（八九年）に参議院選挙で自民党が大負けして海部政権ができます。そこで平成二年の衆議院選挙で自民党が勝っても、政界再編をせざるを得なかったわけです。それで自公民路線ができて自民党の中でガタガタし始めるんですが、そのときに竹下・金丸・小沢で意見が違ったんです。小沢から僕に、竹下・金丸に政治の流れを教えるために明治時代からの日本の政権交代、それから政界再編のあらすじを書いて二人に見せろ、勉強させろっていうんですよ。私もいい機会だと思ってレポートを書いてやりました。

実は、政党再編は、国際的な大事件の前後に行われるという法則があることに気がついた。たとえば政友会ができたのは、日露戦争の前後です。それから第一次世界大戦のころ、憲政会ができる。それから自社五五年体制は冷戦期です。つまり、歴史的に見れば、冷戦が終わった段階で政界再編は必至だったわけですよ。

小沢の二大政党論は、世界的激動に対応したものだった

平野　ところが竹下さんの頭はパーシャル（部分）連合なんです。政党再編なんて冗談じゃないと。それから金丸の方は、訳わからなくて社会党と一緒になれと。本格的な政権交代を可能にしていくための選挙制度改革が必要だと言い出したのは小沢なんですよ。

筆坂　五五年体制は二大政党と言っても政権に就くのはいつも自民党で、社会党はそのおこぼれを頂戴するだけという関係でした。高度経済成長時代だったからそれも可能だったんですよね。そして自民党内での疑似政権交代だけをやってきた。

村上　そうそう。振り子の理論の応用ですよ。田中角栄が金で失脚するとクリーン三木武夫だ。ほんとはクリーンじゃなかったけどね。宇野宗佑が醜聞で退陣すると国民的人気の高かった海

部俊樹というようにね。それはいまも続いている。いきり立って、カメラ目線ばかり気にしている安倍のあとには、地味な福田康夫さんという具合にね。しかし疑似は疑似なんだよ。自民党の構造は何も変わってない。福田政権の場合もバックに森がおり、各派閥の領袖がそこにすり寄っている。考えているのは自分の地位と選挙の再選だけだ。こんなごまかしをこれ以上、通用させてはならないんですよ。

筆坂 その通りです。小沢さんは『日本改造計画』の中でも、二大政党体制による政権交代可能な選挙制度に変える、ということをはっきり打ち出しています。この当時から考え抜いてきたことなのでしょう。

「当時の小沢の主張は新自由主義的なものだったのに、今はまた変わってしまった」と批判する声がありますが、私は、それは違うと思ってるんです。社会主義国がどんどん崩壊していく、そこに新自由主義的発想が出てくるのは必然的だったんです。だって世界の市場がどんどん拡大するわけですから、その中で生き抜いていくには必要だったんです。

ところが小泉、竹中平蔵の路線というのは、まず一周遅れで始まったうえに、アメリカ言いなりの市場経済万能論だったんですよ。社会的規制とか、公正という概念を一切捨象してしまった。いまこのひずみが噴き出しているわけですから、まず公正な社会、共生できる社会にしていこうと言うのは、政治家なら当然とるべき方向なんですよ。

五五年体制は不正と腐敗、銭の構造でもあった

平野　ところで五五年体制というのは、常に秘密がつきまといます。不正と腐敗、銭ですよ。内閣官房機密費もそうです。したがって政権交代というのは、この腐敗しきった構造をひっくり返すということでもあるんです。

小沢が自民党と社会党は地下水脈でつながっていたと言っていますが、その通りです。日韓国会や健保国会なんかでも、表では自社が激突しているが、裏では社会党に金が渡っていた。全部シナリオがあった。

筆坂　たしか七〇年代の後半だったと思いますが、健康保険が一割負担から二割負担にされる時、やはり激突があるんですが、当時の衆議院社会労働委員会委員長だった有馬元治が、『健保国会波高し』という本を出版し、すべてシナリオがあったと明かしています。

調べてみると、この時の社会党の理事が村山富市なんですよ。後に、細川、羽田の非自民連立政権から、政権を奪取して成立する自社さ連立政権で総理になる村山です。

裏で亀井さんたちが動いていたわけですが、右の自民党と左の社会党の連立というのは、一見するとミスマッチのように思うのですが、実はそうではなくって、もっとも近しい関係だった。その意味では平野さんが言う疑似連立から、本当の自社連立になったわけで、必然的でさえあったということでしょう。

平野　地下水脈でつながっていたのが、表に出てきた。社会党には巨額の金が流れていました。社会党の何十周年記念かで、金丸信は社会党の田辺を通じて億単位の金を渡していますよ。

その後、衆議院の定数是正の法案を出したときに、社会党がなかなか言うことを聞かなかった。言うことを聞かせるために、僕がその理屈を考えてメモを作ったんですよ。それは「選挙制度というのは、最大の政治倫理法でもある。これを審議拒否するというのは、政治倫理に反することだ」という内容でした。ところが金丸は勘違いして、「あんなに金をやっているのに協力しないのは政治倫理に反する」と言ってしまったんです。大騒ぎになりましたよ。

筆坂　わかりやすいですね。金丸はわざと間違ったんじゃないですか（笑）。

平野　自然体が金丸の持ち味ですよ。それはともかく、政権交代は、こうした金をめぐる汚い関係を大掃除していくうえでも、どうしても必要なんです。

ナベツネ、中曽根の大連立構想の狙い

村上　二大政党における政権交代は、疑似政権交代ではなく、自民党から民主党に、またその逆に民主党から自民党に替わる、こうした政治にしていかなければならない。僕は、これこそが、実は、自民党という保守政党が再生していく道だと思う。院内会派を組んだり、他党を切り崩して数合わせを行うなど、背信と権謀を弄してまで政権にしがみつくだけが能じゃない。

一度野に下り、地べたをはいずり回り、身を清らかにして再生できるということを知るべきでしょうな。

今回の大連立騒動の仕掛人は読売新聞の渡邉恒雄さんといわれていますが、そのお先棒をかついで回ったのが、元総理の森さんや中川秀直元幹事長。大連立という名の下で、何としても政権にしがみつこうという彼らの執念の裏に何か不明朗なものを感じるね。

平野 政権は選挙によって国民が選ぶという建前はあるものの、いつの世も結局は表の金、裏金も含めて、金を持ってる人間が政権についてる。政権に居座り続ける人間は自分が手にした金、使った金を明らかにしたくないから、どんなことがあっても政権から離れるのは嫌だと。それは社会党と組んだって公明党と組んだって嫌だというのが今までの現実です。

私はもともと自民党の出身ですけど、吉田茂さんの系列なんです。ですからイギリス型の政権交代でお互いの悪いこと、恥部を見せ合う。そしてお金の額じゃなくて、やっぱり政策と理念と誠実さで国民に選んでもらうことを目指してきたんです。ところが自民党の、全部ではないが多くは今までやってきた悪事をばらされたくない。そのためにどんな手段を使っても政権を譲らないという権力執着構造があるんですよ。それが大連立構想なんですよ。

自民党が困ると中曾根さん、あるいは読売のナベツネ（渡邉恒雄）さんは常に「大連立」を主張するんです。自分たちが少数あるいは不利になった場合に、自分たちも相手の権力の中に入っていくという、こういうねらいなんですよ。

今回読売新聞が大連立という社説を出しましたが、ナベツネさんが自分が書いたんですからね。こういう大メディアの人間がみずからの利害で権力の中枢に影響力を維持したいがために大連立などと言っている。大勲位（中曾根康弘元首相のこと。大勲位菊花大綬章を受章しているのでこう呼ばれている）も自分は常に権力に影響力を与える立場でいたいわけです。しかしこの人もまだまだ問題が燻ってる部分がありますからね。ロッキードだってリクルートだって、あの人の問題っていうのは解明されてませんからね。

筆坂　大連立なんて論外ですよ。せっかく参議院で野党が多数を取り、政権交代の可能性が強まってきたというのに。この前、大阪読売テレビの「たかじんのそこまで言って委員会」に出演したときに、会場の一〇〇人に「政権交代があったほうが良いと思う人」と尋ねたら七割ぐらいが「あった方が良い」に手をあげましたからね。

村上　民主党はそんな大連立なんて構想に乗っては駄目だ。それどころか政権交代ができる環境づくりは、参議院選挙で与野党が逆転したことによって間違いなくできつつある。本丸はまだつぶれてないけども、最も本丸が頼りにしている一番の出城、生命線を突破されたわけだから。

筆坂　政権交代への橋頭堡を築いたことは間違いない。

権力維持だけの合従連衡は破綻する

村上 自民党がそうした体たらくだからこそ、どの政党というより、日本の政治そのものを根底から立て直していかなければいかん。今国民のために、国家のために政治はどうあるべきか、ということを考えていかなきゃならない。いっそのこと自民党も民主党に政権を渡してみたらいい。やってみろと。あなたたち政権政党として責任政党としてやれるんだったらやってくれよと。そういう方向に持っていくために論陣を張ることが、我々の責任じゃないかと思う。

筆坂 我々は私利私欲で物を言っているわけじゃないからね。その点では三人ともう恬淡《てんたん》としたもんだから。

村上 その通り。僕は一度自民党を潰したらいいと思うんですよ。じゃあ政権交代で民主党に政権が行けば万々歳かと言ったら、そうじゃない。民主党自体が抱えてる問題点というのもいっぱいあるわけですよ。小沢自身も問題を抱えている。そのことは小沢が一番よく知っている。だから行き着くところは政界再編です。

たとえば小渕内閣のとき、小渕・小沢会談が行われるが、あのときシナリオを書いたのは平野さんでしょう。このとき小沢は小渕に対して、自民党を解体して新しい保守新党をつくろうという提案をした。政界再編です。

僕はそれがいま必要だと思っている。国民が今本当に飯も食えない、人間としてどうしてくれるんだということを痛切に訴えている、この期待に応えるためには新たな政党をつくらないと駄目だ。いまの民主党には出来ない。政治とカネに関する政治家の姿勢にはじまって、経済・外交・安全保障・教育・社会秩序……国政全般に関して国民は既成政党に不信感を持っています。しかし今ならまだ間に合う。日本国の歴史と文化に学び、日本人の知性と英知を絞り出し、国政に羅針盤を示すことが大切です。それを実現できるのは、第三勢力しかないと私は考えます。

平野　私はねえ、いずれ政界再編は不可避だと思いますが、今の局面と言うのは日本に堅実性のある議会政治のシステムができるかもわからん、失敗するかもわからんというところだと思います。

ところが自民党という政党は、理念も政策もそっちのけなんですよ。ともかく権力さえ維持できればなんでもありだから。そのためには「毒を食らわば皿まで」というので何でも飲み込んじゃう。公明党との連立がそうでしょう。一時は猛烈な創価学会・公明党批判をやっていたが、数が足りなくなれば簡単にくっ付いてしまう。これでみずからの落ち目を凌いできた。

問題はこれがいつまでもつかということです。たとえば自民党が惨敗した参議院選挙ですよ。高知ではどういう現象が起こったかと言うと、政治好きな自民党支持のお年寄りは選挙に行ってない。その代わり滅多に行かない連中が行った。自分たちの生活の危機感、雇用の危機感などがあったからなんです。だから投票率は上がってない。投票の構造が変わっただけなんです。創価学会がいくら張り切って地方区で票を増やしても、公明党候補は当選しなかったところが複数あった。

筆坂　僕は自民党にとって公明党・創価学会は毒薬だと思うんですよ。これで自民党の本来の強固な保守基盤を離反させていったんじゃないか。目先の選挙ばかり考えてきたツケがいま回ってきている面もある。

村上　白アリに蝕まれたんですよ、自民党の屋台骨が。

筆坂　だから小沢さんには二度と創価学会・公明党と手を結ばないでほしいね。

小池百合子が渡り歩いた政党は朽ち果てていく

平野　自民党にとって白アリは小池百合子さんです。そして公明党は覚醒剤のような役割です。

筆坂　覚醒剤というのは、一時は良い気持ちになるが、身体が奥深くから蝕まれるということですか。

村上　小池白アリ論というのは、どういうこと？

平野　日本新党、新進党、自由党、保守党。彼女が渡り歩いた政党で残っている政党がありますか？　みんな朽ち果てていった。

村上　たしかにみんな潰れてるね。安倍内閣も白アリに蝕まれた部分もあるね。

筆坂　そうすると、次は自民党が潰される番だ。

村上　防衛省でそれをやろうとして失敗したわけだよ。

平野　ますます泥沼っていうか、日本の国がおかしくなっている。

村上　小池さんが「あんた辞めてちょうだい」なんて人事を携帯電話でやろうとしたが、ほんと漫画だよ。本人と会って納得させて、それで協力を求めるところは求めて、じゃあ、あと誰がいいか。そこまで腹割って膝詰めで人事っていうのはやらないといけませんよ。やたら大臣の人事権を振りかざしている。

平野　大臣に権限があるといっても、勝手にできるもんじゃないからね。

村上　そうですよ。

平野　組織を動かすんだから。守屋も守屋でしたけど、政治家としての標準的なレベルのことを出来ない小池さんの問題がありますわな。

村上　同じ安倍内閣で、前任の久間さんは守屋次官に対して、「来年三月までやってくれ」というので次官としての任期を決めているんですよ。それを辞めろと言うんだからね。内閣が替わるなら別ですよ。辞めさせるんだったら久間さんが辞めたときに同じように辞めさせればいいんだよ。そうでしょ。小池さんは大臣就任直後、守屋次官の退任を勝手に決めてしまったが、これでは国民が納得できませんよ。まして国防という国家の中枢、日米関係を担当する最高幹部ですよ。

筆坂　彼女がまだ自由党にいたときでしたが、NHKの日曜討論で一度一緒になったことがあるんですよ。たしか集団的自衛権の問題が議論になったんですが、彼女の考え方を僕は「間違っている」として否定したんですよ。そしたら小池さんはなんと言ったと思います。「見解の相違です」だけだよ。見解が相違していることぐらい分かってますよ、だから議論しているんですから。「ああ、なんと論の立たない人なんだ」と思いましたよ。

平野　ただただ目立ちたい。それだけですな。

村上　それと自由党や保守新党など小さな党を渡り歩いてきたのが、自民党の中でまず総務局長、次いで国対委員長、そして今回は総務会長だ。それがまた派閥の一つの領袖に位置づけされていく。それが自民党なのかもしれないが、しかし小池百合子と同じような歩き方をしてるのは二階俊博だな。

平野　そのとおりですね。それには、私にも責任があります。二階、古賀が自由党と自民党の国対委員長の時に自自連立ができるんです。古賀は野中に任されますわな。二階は小沢に任されるわね。話がまとまらん。深夜になって私は寝てるところを呼び出されて全日空ホテルに行った。そこで二階が、「小沢を起こすわけにいかんから、おまえ話してくれ」って言うわけですよ。それで古賀と詰めて、これでどうだと話をつけて、朝、小沢のところへ二階が報告に行った。そこで二階は、「あんたを起こすのは悪いから、平野を呼んで、平野が古賀と話した」と全部僕のせいにするわけよ。ところが小沢、その中身が半分ぐらい気に食わんかったわけよ（笑）。犠牲者でした、私は。

政権交代こそ「戦後レジームからの脱却」

村上　安倍さんが「戦後レジーム（体制）からの脱却」を掲げていたでしょう。安倍さんが考えていたのは憲法九条を変えることですが、自民党という体制が戦後レジームそのものなんですよ。安倍さんは、憲法改正は出来なかったが、参議院選挙で自民党を惨敗させることによって、皮肉にも戦後レジームからの脱却に貢献した。

筆坂　その見方に全面的に同意します。安倍さんが「戦後レジームからの脱却」という場合、念頭に置いていたのは憲法九条改正と集団的自衛権だけなんです。ここらあたりにも安倍と大学教授や評論家など安倍の取り巻きの浅薄さが如実にあらわれていたんです。「戦後レジーム」というのなら、サンフランシスコ条約、日米安保条約などによって、いまだに米軍基地の島になっている沖縄の現状は戦後レジームそのものですよ。沖縄の犠牲のうえにこの体制があるわけですから。北方領土問題だってそうです。

現代版「大政奉還」を

米ソ冷戦を反映した五五年体制もそうです。五五年体制というのは、単なる二大政党体制ではない。形のうえでは自民党、社会党の二大政党でしたが、社会党は万年野党、政権党は常に自民党という体制でした。この体制の本質は、まさにここにあるんですよ、政権党は常に自民党という。平野さんが言われる日本の政治文化はここから発生している。ですから社会党が崩壊しただけでは、実は本当の意味での五五年体制の崩壊ではないんです。自民党が政権党から滑り落ちて初めて五五年体制が崩壊したと言える。

平野　そうです。だからいまの局面は、五五年体制から脱却して、新しい体制をつくれるかどうかというせめぎあいをしている只中にあるということです。

筆坂　政界再編をほんとうに起こそうと思えば、民主党がともかく次の総選挙で勝たなきゃ駄目ですよ。勝って自民党が野に下れば、必然的に政界再編の動きが起こってきます。

同時に、村上さんが言われるように、選挙制度にも手をつけるべきです。衆議院も参議院もです。議員の定数削減も必要です。でもそれは余程安定した政権政党が出来なければ無理でしょう。自民党にしろ、民主党にしろ、単独では無理で、小さな政党の協力を必要としていますから。

村上　またおまえは右翼だと言われるかも知らんが、大連立よりも、僕は「大政奉還」をやらなきゃいかんと思う。

筆坂　（笑）ほう。

平野　昔の大名は長くて二十年ですよ。今は四十年、五十年だもの。

村上　平野さん、今、平成の世でどういう形のものが「大政奉還」に準ずるのか、これ考えてよ。私は今、その時期が来てると思う。一遍ガラガラポンにして、新しくほんとうに志のある、ほんとうに国を思う、国民を思う、そして日本の国を五十年後、百年後にはこうしていくんだという、世界に貢献できる日本をつくっていくんだという政党、政治家をつくっていく時期だと思う。政治家もそういう初心に戻らなきゃ駄目ですよ。

お祖父ちゃんやお父さんが作った財産のなかでぬくぬくと育ち、胡坐《あぐら》をかいてるんじゃ、その初心に帰れないんですよ。

筆坂　絆創膏の赤城さんがやったことは、ちっちゃな瑣末なことなんだけど、彼の存在はなかなかシンボリックだった。彼はお祖父ちゃんの後を継いだわけだから一つ飛んだ二世議員ですよね。東大を卒業しているぐらいだから、一般的に言えばお勉強がよくできた子なんですよ。それが人前でしゃべる能力も、説明責任能力も持ってない。というより一般的な社会常識すら持っていないことが白日の下にさらけ出されてしまった。

平野　同時に安倍さんに全部出たわね。毛沢東が言ってるじゃない。具体的な現象の中に本質的な問題点が現れるってね。

筆坂　現象と本質の関係ですよね。

僕は村上さんが言われるのはそのとおりだと思うんです。ただ、現実問題として、戦後政治というのは、結局五五年体制ですよね。その前は戦後の混乱期でバタバタしてましたから。それで五五年体制以降でいえば、一時、非自民の細川政権、羽田政権ができたが、基本的には自民党が半世紀に亘ってずうっと政権党を独占してきたわけです。

世界を見渡しても半世紀も一つの政党が政権党を独占してる国は、中国と北朝鮮など社会主義国しかないですよ。アメリカにしたって、ヨーロッパのどの国にしたって、政権交代が起こってる。

問題は誰に「大政奉還」するか、ということなんですが、現代ではやっぱりそれは国民に対してなんですよ。じゃあ具体的にはどうするのかと言えば、政権交代をどう実現していくかということになるんです。これは民主党が政権を取るとか、自民党が野党になるとかっていう話じゃなくって、要するに政権交代ができる国にしていかないとね。

村上　ほんとうの意味のね。

筆坂　そう、ほんとうの意味での政権交代ができる国にしていかないと。

平野　安倍さんがああいう異様なかたちで辞めた場合の憲政の常道というのは、私の理論から言いますと、直ちに総辞職して野党第一党の民主党が選挙管理内閣として政権を組織し、それでただちに総選挙を行って民意を問うというのが筋だと思うんです。ところが日本のメディア、学者、有識者、政治家、誰もがそういう発想にならない。

そういう意味では戦前の明治憲法下の大正の終わりから昭和のはじめにかけての方が、そういう議会民主主義をやったんですよ。それはなぜできたかと言うと、いい悪いは別にして、西園寺さんのような元老が天皇にアドバイスをしてやっていたわけですよ。村上さんがいちばん心配するのは、憲政の常道である民主主義、議会主義の正論、本質を担保するという人間も、機関もないっていうことなんですね。これをまずつくることがいちばん大事でしょうね。

政党を区分けする境界線がなくなった

平野　村上さんの「大政奉還」の話は非常に面白いんですが、今年の選挙を体験的直感的に言うと、自民党、民主党、公明党、共産党、社民党も含めて、有権者は政党というものに疑問を持ち始めてるんですよ。

村上　そうそう。

平野　それは安倍政権がいろんなことやってくれたせいかもわからんけど、民主党を全面的に心から支持してくれてるわけでもない。

筆坂　政党漂流の時代に入ってますね。これには理由、背景があるんです。五五年体制の一つの側面は、平野理論で言う変則的な「自社連立内閣」でした。政権は自民党が握り、野党である社会党は表では喧嘩するふりをして、テーブルの下ではおこぼれにあずかっていた。こうして国民の不満のガス抜きの役割を果たしていたわけです。

もう一つの側面というのは、イデオロギー対決です。保守か革新か、あるいは資本主義か社会主義か、という対決です。この対決構図が、ソ連、東欧など社会主義国の破綻によって崩れ去りました。

僕らが共産党に入った一九六〇年代から八〇年代にかけては、社会党と共産党は激しく革新本家争いをやっていたもんですよ。社会党が革新政党だと言うと、われわれ共産党こそ真の革新政党だなどと言ってね。いま共産党も含めて自らを革新政党などという政党はありませんよ。日本の政治から革新という概念は消え去ったんです。

政党の違いが見えない、という声がありますが、当然なんです。共産党は違うという意見があるかもしれませんが、本気で社会主義革命など目指してはいませんよ。建前です、名前が共産党ですから。いまの綱領を読んで、「社会主義はもう目前だ」などとは誰も思いません。「社会主義は遠くなりにけり」というのがいまの綱領なんですから。だって現憲法を未来永劫とまでは言わないが、天皇制も含めて将来にわたって守り抜くと言うんですから。資本主義も、天皇制も受け入れている政党が共産党なんです。

村上さんとも共同できるんですよ(笑)。

村上 そうか、天皇制容認か、共産党は。だったら許す、なかなか良い(笑)。

筆坂 共産党は議席数では小さいが、やはり左のイデオロギーを代表していたわけですよ。そこがイデオロギー的にポシャってしまったわけですから、対決構図がなくなってしまった。そうなると、右も振り上げた拳を下ろすところがなくなった、というのが現状です。

党内を元気づけるために不破哲三さんが強調していることがあります。「いま世界では反共主義がなくなりつつある」「これが世界の流れだ」なんてね。それを受けて党員も、「そうだ、そう言えば、選挙でも反共攻撃が減った」などと言い合ってる。詐欺師のような話でしょう。だってその前に、反共攻撃の相手になる共産党や社会主義国がどんどん消えてなくなっているんですから、当たり前なんです。浮かれて喜んでいる場合じゃないんですよ。反共攻撃がなくなったというのが、ある意味では共産党にとっての一番の危機なんですよ。

これは実は、自民党にもあてはまります。今までだったら、「ソ連を見ろ、あんな自由も何もない社会主義国で良いのか」と言えたが、それが言えなくなった。ソ連脅威も言えなくなった。今の中国にしても共産党一党独裁の国ではあるが、社会主義の道を歩んでいるとは誰も思わないでしょ。誰が見ても資本主義の道を歩んでいますからね。
だからどの党も冷戦時代のように、強力に、わかりやすく国民を引っ張っていけるような旗印を立てることができないでいるんです。

平野 それは情報化社会の特徴です。今は第三次産業革命が最終段階にあります。第一次産業革命、第二次産業革命の時に何が起こったか。格差社会ですよ。

筆坂 第一次産業革命の時に、イギリスの格差社会を分析・告発したのがマルクスと並ぶ共産主義者エンゲルスの「イギリスにおける労働者階級の状態」です。ヨーロッパでは社会主義の運動も生まれていったわけですよね。

平野 そうそう。第一次産業革命で生まれた格差社会をどう解決したかと言えば、イギリスを中心に議会制民主主義を確立していった。第二次産業革命の時には、社会主義の運動が台頭するんですが、結局、ビスマルクがつくった健康保険、労災保険などの福祉政策ですよ。そしていま第三次産業革命の最後の段階、情報化社会です。情報量やスピードの優劣で巨額の富を築く者が出る一方で、フリーターが増え続け、生活保護世帯も増え続けている。

筆坂 下流社会、ワーキングプア、ホームレス、ニート、ネットカフェ難民等々、格差社会の悲惨な現状をあらわす言葉が溢れていますからね。僕らが就職した一九六〇年代、高度成長の時期ですが、考えられないことです。

平野　これまでの所有欲求、存在欲求、つまり金持ちになれば良い、高い地位に就けば良いという発想は、資源が無限で経済は成長することを前提としています。資源は枯渇する、地球温暖化は進行するという現代で、この価値観の追求では無理なんですよ。だからいま新しい価値観の創造が求められている。それが私は、自立と共生だと考えているんです。

筆坂　マルクスの理論だって、ありあまるほどの生産物を生み出す生産力の発展を共産主義の条件にしていますからね。とても地球環境と両立できるものじゃないんですよ。

　これまでのように大量生産、大量消費、資源はある、という前提の産業社会では、人類は破滅の道に突き進むしかないですからね。

村上　だから今の政党、政治家は、平野さんが常々強調するように、こういう歴史観と未来への責任感を持つことが不可欠になってきているということでしょう。それが自分のポストやバッジのことばかり考えて、一円だ、一〇〇〇円だと言っているようでは情けない限りだ。

平野　政党という言葉はものすごく悪い言葉なんですよ。福澤諭吉がポリティカル・パーティーというのを政党と訳したのは間違いですよ。パーティーというのは党じゃない。もともとはパート、部分ですから。

筆坂　うん。

平野　日本語で党というと、徒党とか党派とかね。徒党を組むとかっていう悪いイメージ。ですから最初にできた日本の政党っていうのは愛国公党なんです。愛国公党っていうのは党というイメージが悪いから、その上に公の活動するっていう「公」を付けるわけ。そのぐらい明治の人間は気にしたんです。

政友会をつくるとき、政友会っていうのは党という文字使ってないでしょ。それで構わんかということで、原敬が旧自由党の連中に根回しして、みんな大喜びするんですよ、党という言葉がないというので。

村上 一人でも悪徒は悪党というからね。善徒が何人集まっても善党とは言わない。

平野 そうですよ。悪党っていう言葉があっても、善党っていう言葉はない。

筆坂 どの政党も立て直しを迫られている。公明党も、社民党も、共産党もそうでしょう。立て直しと言うより消滅しないように、というところか。自民党もそうだし、民主党だって盤石には程遠い。みんな政党として崩れてきている。

平野 ほんとうの文明の転換期というか、価値観の根本を変えないと人間生きていけない。

村上 そうそう、そういうところに来てますね。

平野 そういうのを庶民は理屈でなくて体感してるんです。

村山 だからただ単なる政権交代じゃなくして、そこらあたりが政策的に前面に出てこなきゃいかんですよ。

弱肉強食派と共生社会派に再編せよ

筆坂　白アリを跋扈《ばっこ》させないためにも、いずれは本格的な政界再編があるんじゃないかと思う。

というのは今各政党ともに非常に脆弱になってきてます。参議院選挙だけ見ていると民主党が図抜けてきているように見えるが、基盤そのものがかつての自民党のように強固なわけじゃありません。民主党の大きい基盤は「連合」だが、これも組織率は低下しているし、民主党への支持締め付けが大して効いているわけじゃない。自民党は、農業、中小企業、建設土木関係、郵政、地域社会とどの分野でも支持基盤が大きく損壊している。創価学会・公明党も伸びきってしまっている。公明党同様に組織政党と言われた共産党も、その組織自体が目を覆うばかりに弱体化している。社民党は最早消滅へのカウントダウンに入っている。ざっくり言えばこれが日本の政党の現状だ。

成熟し、多様化した今日の日本でかつてのように、一方に強固な保守基盤を持った政党、他方に労働組合などを基盤とした政党という構図はあり得ない。そもそも保守とか革新とかで区分けすること自体が無理になっている。この区分けは冷戦の終結とともに通用しなくなった。その意味では自民党自身も生まれ変わらざるを得なくなっているんですよ。新生した自民党、「生活が第一」を貫く民主党、この体制に収斂していかないと、僕は駄目だと思う。そのためにも政権交代が不可欠なんですよ。

村上　そうなっていくためには何が大事かというと、卵が先か鶏が先かということになるんだが、今の選挙制度を変えなきゃ、そうした成熟した姿は生まれて来ないんですよ。あんな賭けゴルフが得意な「なんとかパパ」が出てくるようじゃしょうがない。政治家としての理想も、夢も持ってない、ただバッジを付けたいだけの有象無象《うぞうむぞう》がいる限りは、今のような曖昧模糊《あいまいもこ》とした政権しか生まれてこない。政党助成金欲しさに徒党を組んでるようでは政党とは言えない。

平野　今の自民党にも弱肉強食派と共生社会派がある。自民党内にはこの厳しい対立がある。これは実は民主党にもあるわけです。このねじれっていいますか、このしがらみをすっきりさせて、弱肉強食党があってもいいですよ。小泉や竹中平蔵の主張でいけば良い。他方は共生社会派になれば良い。ここをもっとすっきりした政党対立軸にしていかなければならないと思う。

それから選挙制度と政治文化の問題は非常に難しい問題でして、少なくともかつての衆議院の中選挙区はやっぱり派閥による談合政治型の選挙制度なんですよ。これでは政権は交代しません。それから参議院の選挙制度、これは根本的に変えるべきです。

それからもう一つここで取り上げて欲しいのは、わが国の憲法はいい悪いは別にして、いちおう国民主権、基本的人権、平和主義が原理でしょ。この上にもう一つ憲法の上をいく政治文化、慣行がまかり通ってきたわけですよ。それは自民党が関わる政権じゃないと正統性がないということが、利権構造を通じて出来上がってきたわけです。これが今度の選挙で壊れ始めたんです。

筆坂 僕は長く政権とは無縁の共産党に属してきたから、そのあたりのことは鈍感だったわけですが、自民党からスタートし、そこを飛び出て非自民政権をつくるなど、常にどういう政権をどうつくるのかに関わってきた平野さんの実感なんでしょうね。小沢一郎に対するえも言われぬ安心感というのは、彼が自民党中枢を歩んできた政治家であるということもあるんですよ。パラドックスですがね。

だからこの政治文化を打ち破っていくというのは、日本の今後にとって大事でしょうね。そのためには国民が政治的体験をする必要がある、民主党政権もけっこうやるじゃないかという。別に民主党を応援するわけではないが、そういう実体験をするためにも民主党は次の総選挙で勝たなければ駄目だ。民主党のためではなく、国民のために、我が国の議会制民主主義のために必要なんです。

平野 おっしゃる通りです。その端緒を切り開いたのが参議院選挙だったんです。問題は政界再編というのはいろいろあって、今の構造のまま政治やっていくなら、自民党が変わるしかないんですよ。政党の枠を変えるか、あるいは政策を変えるか。野党が参議院で多数を握る状態というのは、最低でも六年は続くでしょうから。自民党に突きつけられてるわけですよね。

いずれ小泉新党の動きが出てくる

平野　ところで、高知でこの前の参議院選挙で面白い現象が起きました。共産党も公認候補を立てた。民主党の候補より知名度は高いぐらいですよ。それなのに年寄りの共産党員は積極的に民主党に投票してくれた人もいたんです。それとは別に、共産党から非公式に僕のところへ来たインフォメーションがあるんです。それは共産党員の名簿を出すわけにいかんが、シンパの名簿を共産党から民主党の方に四〇〇〇人ぐらい出す。その代わりに比例の票をくれって来たんですよ。それで僕は「乗ってやれ」というので乗せた。それも、小沢でさえ見放していた高知での勝因の一つなんです。

したがって小選挙区で公認候補がいたとしても、党員はそうはいかんだろうけど、シンパとか、民主党なり社民党に通じるような人はそちらに入れて、その代わりに比例票は共産党に入れるという取引はできると思いますがな。

村上　いずれにしても、すっきりと二大政党というわけには、なかなかいかない。そうすると現実問題として、国民新党や他の野党との関係をどうするのか、これが大きな問題になってくる。今日綿貫（民輔）さんと昼飯を一緒に食ったんですが、国民新党は郵政民営化反対がバックボーンで新党を作ったわけで、ここは妥協できない。ところが民主党が郵政民営化凍結法案に消極的だったものだから、選挙協力が暗礁に乗り上げていますよね。

かと言ってこんな小さな政党でいつまでやれるのか、孤立してしまうんじゃないのか、という心配もある。亀井久興さんなんていうのは完全に娘(鳥取選出参議院議員亀井亜紀子)が民主党に人質に取られてるわけですから。

筆坂 郵政民営化凍結法案は無理でしょう。もう移行しちゃったんだから。

村上 ですから第三政党というものをここで考えていかなきゃならんわけね。それは共産党だとか社民党だとかいう左の政党ではなしに。これらの政党は国政に何の影響も与えませんから。

筆坂 平沼赳夫さんとか、新党大地、国民新党あたりですか。

平野 私の見通しではそうならない。私は、第三政党というようなものはやっぱりよろしくないと思う。キャスティングボートを握って所詮悪いことをするだけだ。二大政党とは言わんけど、二つの政治ブロックに分かれるようなかたちでいいんですよ。政権交代するためには。

村上 いや、僕は、当面は政権交代をさせるために、一度大きな転換を図らないと、さっき言った大政奉還という私の理屈に合わないわけよ。

平野 大政奉還の理屈はわかるんですが、そんな勢力で第三政党を作っても結局は自民党を補完するだけですよ。政権交代になりませんよ、絶対に。

筆坂 村上さんは亀井さん、平沼さんとは同じ派閥だったし、実際、お二人とも魅力的な政治家だから、自分の思い、夢を託したい気持ちが非常に強いのでは?

平野　むしろ私は、福田政権を見てますと、小泉及び武部、このグループがねじれてるんですよ。小池百合子でも片山さつきでも本来なら政策理念でいくならば麻生さんに入れるべきなのが、小泉さんに誘導されたかたちで福田さんに入れた。福田さんは小泉改革を継承すると言いながら、あんなの嘘っぱちですよ。民主党よりも小泉路線を否定し、ばら撒きをやりますよ。

そうなると小泉さんが黙っちゃおらん。予算審議でその矛盾があらわになってきますよ。私はむしろ小泉さんを中心としたグループがいずれ自民党を出ると思うね。

筆坂　小泉新党ですか。

平野　そこが政権交代のきっかけだと思うんですよ。となると国民新党とかあのへんは元へ戻るしかないです。

筆坂　なるほど。

平野　まあ、その時になってみないとわからんのだが、小泉新党が五、六〇人ぐらいでできますと、これは民主党にだって影響があります。

村上　そりゃそうだが、小泉さんは根っからのものぐさで、自分で新党を作って汗を流す人じゃないね。今が至福のときで、自分の生活をエンジョイしてますよ。

平野　そこで初めてガラガラポンが、解散を通じて生ずるんじゃないかと見てますがね。むしろ小泉はそれを計算して福田と言ったと思うんですよ。

村上　それは小沢さんあたりがそういう仕掛けをやりゃあ、私はできると思うんですよ。自然発生的にはいきませんぜ。

平野　小泉新党と民主党が連立組むっていうのも、これもちょっとねえ、情けない話でね(笑)。

村上　いや、いずれにしてもしばらくは試行錯誤を重ねてゆくでしょう。そしてガラガラポンもあり、政党再編につながっていくのではないでしょうか。

筆坂　最近の小泉さんを見ていると、総理を退陣した時と違ってもう一勝負仕掛ける意欲が漲《みなぎ》ってきている感じは受けますね。

平野　僕は小泉さんと福田さんとの矛盾は、主要な矛盾になると思うね。

村上　いや、小泉さんはやっぱり福田の親父によって育てられてるでしょう。この絆は切れないと思うんですよ。

平野　いやあ、小泉が落選中福田邸で下足番やった屈辱はね(笑)、これはわからんと思う。

村上　いや、僕も福田先生には可愛がられたけどさ。いつも家を訪ねると着流しですよ。魅力ありますよ、「ほお」って言ってね、いつも家を訪ねると着流しですよ。袂から金の入った封を出して、「ほお、ほお、ほお、持っていけ」って。玄関先でたびたびそういうのがあった。朝行くと、「ほお、ほお、ほお、飯食っていくか」と言うので、奥さんと二人で飯食ってるとこに入っていくと、「こっちへ来いよ」と言って、「おい、母ちゃん、村上君にお膳一つ持ってこいや」、こうですよ。そりゃあ、そういう温かみありましたね、あの人には。

平野　あの人は論語の世界で生きてる（笑）。

村上　康夫さんにはないよ。康夫さんにはないが、小泉はそういう中で育てられてるからね。

平野　小泉さんにそういう温かみがある？

村上　温かみのある人じゃあないよ。血のつながった息子が訪ねてきても言葉一つかけず会いもしなかった。温かい血の流れている人間のできることじゃないよ。

今度はたまたま恨みは麻生さんに行った。平沼復党で「何、反小泉でいく」とね。安倍辞任直前に、ここで（政治家の事務所が多数入っているパレロワイヤル永田町。村上事務所もある）岡山の逢沢一郎に出くわしたんですよ。向こうが僕に気付いて、「あっ、村上会長じゃないですか」と言われたから、「おっ、安倍さんいつまで続くんだ」と言ったの。そうしたら彼は「いやあ、もう安倍はないですよ」とこう言うんですよ。へえと思いながら僕は出ていこうとしたんだが、「どこに行くんだろうなあ」と思って引き返して受付の子に、「今の人、あれどこに行ったんだ」と聞いたわけよ。彼の事務所はここにはないからね。

平野　さすが、さすが。

村上　武部さんのところだよね。逢沢さんは谷垣派ですからね。武部さんのところへ行くということは、小泉チルドレンですよ。そことの連携という一つの絵を描きながら、彼は武部さんのところに行ったなと。谷垣はもう動いてるなと、こう思ったわけ。案の定ですよね。

小泉の秘書の飯島（勲）さんが、筋論でもう俺は小泉のところを辞めると言ってますよね。

平野 いや、あれは芝居なんです。

村上 芝居だろうけれども、やっぱり福田と縁が切れなきゃ俺は出るぞと、こういう芝居ですよ。芝居にしても、一つの筋書きはやっぱり小泉さんは福田さんと切れないと私は思う。

平野 今はね。ただいずれ小泉さんは自民党を出て新党をつくるということで復活する。僕はこういうシナリオを描いていると思いますね。絶対に小泉と飯島は切れませんよ。

村上 切れません、切れません。

平野 来年に含みを残してるんですよ。ある時期には小池百合子を党首にしてね。

筆坂 白アリを。

平野 白アリ党首。

村上 白アリは御免だよ。平沼さんがダイナミックな行動に出ることを期待している。永田町の中に自民党という生簀《いけす》をいつまでも放置して、この中でボーフラが湧いたり雷魚が大きくなったりしていくんですから。森という大御所が裏の黒幕で糸を引き、闇の仕掛け人になっているような政治では駄目ですね。これが七つの派閥の糸を引いたわけですから、恨みつらみで。

そして「次はおまえだからな、次はおまえだからな」って期待感を持たせたり、「おまえは麻生にこんな恨みつらみがあるだろう。おまえはこんな恨みがあるだろう」って焚きつけたりするために、パリかどこからか大返しで帰ってきた。こういう政治にケリをつけないとね。小泉郵政解散のときの、森さんの、チーズと缶ビールを持ってのあの田舎芝居は変わらないね。こんなピエロが総理経験者の姿かと思うと情けない。

平野　森の裏支配が始まって、その後今度は小泉の裏支配、これじゃ日本の政治も、国民も救われませんわな。

村上　いやしくも総理経験者である森さんには国家観や理念がない。中曾根さんは大局に立って、国家を案じている。大連立構想はいただけないけど。しかし彼は今、細かい人事に興味持たないから。息子をどうしよう、こうしようなんて思ってないから。だから締めはここで大政奉還ですよ（笑）。

実は先日、吉野の後醍醐天皇陵にお詣りしました。後醍醐帝は腐敗した武家政治に終止符を打とうと、建武の親政を始められましたね。今の日本にも建武中興が必要だね。

そのとき、同行者に求められ一句詠みました。

〝北闕《ほっけつ》の天を望みて秋高し〟

政界再編は政権交代の必須要件ではない

平野 自民党はそうは言っても簡単に壊れる政党ではないと思います。ですから正攻法で立ち向かって、堂々と衆議院選挙に勝つということが、政権交代の実現にはどうしても必要になってきます。

それからこれまでの政界再編っていうのは小沢の方で、他党をどう取り込んでいくかってことだったわけですからね。今度は逆です。政権から離れたくない自民党側からの攻勢が強まります。下手に小沢が自民党に手突っ込むような状況にはないですよ。理念的には、自民党という政党は三つぐらいの陣に分かれなきゃならないんですが、現実には谷垣と安倍が一つの政党にいるわけです。ここらあたりを有権者はじっくり見て、判断するしかないんですよ。

村上 いや、今の枠内で考えるんじゃなくて、ちょうどこれから秋の陣じゃないけれど、いま旋風を起こせる目玉というか、台風の目になれる人物がいるわけね、幸いにも。神はそれを残してくれてる。神様はまだ捨ててないんだよ、日本の政治を。それが一人いる。誰かと言えば平沼ですよ。平沼赳夫。

これを一つの核にして、彼にある程度の力を持たせていくということ。自民党では、すでに選挙対策委員長の古賀誠が動き出した。平沼さんは第三の男ですよ。小沢も指をくわえて見ていることはないと思う。彼の復党も、また郵政造反組で落選中の候補の復党も微妙ですからね。

平野　ただ僕は直接最近会ったことないけど、体力的な問題はどうなんですか？

村上　医学的にどうか専門的なことは知らないが、この前僕が会ったときには、今まで以上に歯切れのいい話を彼はしましたよね。

筆坂　僕も村上さんの誕生パーティーで久し振りに会って、挨拶を交わしましたが、「今度の総選挙で必ず政局をつくる。その中心に座る」と非常に強い決意で語っていたことが印象的でした。

村上　自分の病が政治生命に影響すると考えたのか、自分の政治生命はもう短い、こう思ったからここで思い切りやってみろという気持ちを起こさせたのか、それはわかりませんが、彼の意欲が非常に高まっていることを感じました。

筆坂　そう、あの人が信念持って立ち上がれば、僕はそれなりの求心力はあると思う。

平野　でもそれは結局は、自民党の中での求心力なんですよ。すでに古賀とも共同歩調をとっていますからね。チルドレンや武部との抗争はあっても、政界再編とは別の問題だと思います。

村上　今の自民党に本格的な保守政権を作れる人間はいない。作れるのは平沼なんですよ。だから僕は平沼に期待している。自民党の都合で利用されてはいけません。

平野　村上さんの、平沼さんへの思いはよくわかります。でもやっぱり自民党政権なんですよ（苦笑）。私は政界再編どうのこうのよりも、民主党が日本の政治を担っていけるだけの政策を持ち、責任ある行動を出来るかどうかだと思っています。自民党の分裂や政局の動きに振り回されていたのでは、政権奪取はかなわないと思いますよ。

筆坂 それは僕も正論だと思う。政権交代は、政局じゃないんです。まさに最大の改革なんですよ。

村上 今、国民が求めているのは、何党の政権かということではなく、仁徳天皇の治世です。民の竈《かまど》から煙が上がっていないことを見て、租税を免除し、宮殿の屋根の茅《かや》の葺《ふ》き替えさえさせなかったというあれですよ。国民の苦難をよそに、しゃーしゃーと特権に胡坐《あぐら》をかいて、東京都心の一等地の豪華マンションにタダ同然で入っている、いまの国会議員と大違いですよ。

平野 非常に大事なことです。幸徳秋水は死ぬまで仁徳天皇の善政を評価していたそうですよ。

筆坂 ほう。

平野 これがあるから天皇制は大事だし、維持されているんだと幸徳秋水が言ってたそうです。

村上 そういうイメージと僕の中では、平沼のイメージがダブるんですよ。

筆坂 僕も平沼という政治家は尊敬に値する人だと思います。私とはもちろん考え方の違いもありますが。平沼さんが経済産業大臣の時に、中小業者を二〇人ぐらい連れて陳情に行ったことがあるんですが、本当に丁寧に業者の話を聞き、一つひとつ丁寧に答えてくれましたよ。終わって帰る時には、大臣室の出入口まで見送って一人ひとり握手ですからね。帰ってきたら共産党支持の業者が全員平沼ファンになっていましたよ（笑）。

平野　率直に言って小沢の腹の中は、そういう穢れのないリーダーが誰かおれば、いつでも自分は譲るし、支えになるという考えです。むしろそれが彼の理想なんですよ。

村上　小沢さんは、自分で天下を取ろうなんていう意識はないと思いますよ。それぐらいなら宮澤、細川の前にも、海部の前にもなろうと思えば、なれたんですから。

筆坂　そうですね。

平野　参議院選挙の結果を見て、小沢の心境は、「えらいことになった。人がいなければ一年ぐらい自分がやるしかない」というのではないかと推察しています。

村上　あの人はやっちゃいかん。彼はやっぱりナンバーツーの人なんですよ。ナンバーツーがナンバーワンになったら、これはもう潰れちゃいます。すぐ潰れる。

田中角さんなんかその最たるもの。ナンバーツーの人がナンバーワンになるから間違いが起きる。だから小沢さんの生き方はナンバーツーです。だから彼はそれに徹してるんです。己を知ってるんですよ、あの人は。民主党の党首だからってナンバーワンじゃないです。民主党の中ではナンバーワンか知らないが、政治家としてはナンバーワンじゃないんだ。

筆坂　僕は、いずれは岡田克也あたりが総理の座に就くようになればと思ってるんですがね。

村上　そこらあたりが一つの政権の台風の目として育っていけば、これは本物になる。

平野 岡田克也っていうのもそういう意味じゃ名前はまだ消えないが、人間性を豊かにしなくてはね。

村上 うん、それにしても平沼の決意の問題です。

平野 平沼さんは健康の問題ですよね。

村上 岡田さんが悪いわけじゃないけれども、どうも全国民的な、という感じにならないでしょう。平沼さんはそういう意味じゃ幅広いからね。

平野 平沼さんは確固としたところがあるし、大した政治家ですよ。ただ、言葉で国家主義を言いすぎる。生活第一の国民と距離がある。

筆坂 民主党が政権取ったら、小沢さん以外では誰が首相になるんですか。

平野 難しいねえ（笑）。しかし、地位が人をつくるというからね。

政権交代をどうやるかというのは、政界再編もそうだけど、いくらシナリオを描いても不規則な事態というのは起こりますからね。柔軟にどんな事態にも対応できるようにしておくことが肝要なんですよ。総選挙で民主党が単独過半数を確保すれば簡単なことですが、自民党だって公明党を巻き込んだ選挙協力だとか、それから派閥の中でもいろんな思惑による工作とかが行われるわけですよ。結局のところは、正々堂々とやるしかない。

政治家のいいかげんな資産公開

村上　政治とカネの問題ですが、政治家としてバッジを付けてるときには、政治資金の届け出なんて一々細かいことを秘書に指示しませんよ。秘書が「これで出しておきましたから」と言えば、「ああ、そうかそうか」という程度の認識なんですよ。あの報告書というのは。それから国会議員の資産報告だっていい加減なもんでしょう。

平野　あの制度の骨格を考えたのは衆院事務局時代の私なんですよ。

村上　うん、いい加減なもんですよ。実態との差が激しい。

平野　（苦笑）。

村上　議員の認識は、適当に出しておけよということです。財産だって取得した当時の原価で出してるんだから。これじゃ現在この財産がどれだけ膨らんだものやら、評価されるものやらわからない。

筆坂　なんせ持ってないから記入したことがないが、株は額面ですよね？

村上　額面。

筆坂　額面でしょう。だから市場価格とは全然違うわけです。

村上　そうそう、だからこんなもので議員の資産を公表したことにはならないんですよ。みんな形骸化してる。根本的にそういうことをどうするかという議論をしていったときに、国会議員の質を変えるしかないんですよ。ところが今の国会議員は、二世、三世は言うに及ばずそういう土壌の中で育ってきている。永田町にはそういう慣習が確立してる。一般常識から乖離していくのは当然なんです。大体、政治家稼業一筋で資産を残せるはずはないから、親父が碌《ろく》でもないことをして作った資産の上に二世、三世議員がいる。この際、国会議員の立候補資格を根本的に考えるべきだ。

筆坂 村上さんも現役のころにはホテルニューオータニで一万人ぐらい集める政治資金パーティーを毎年のようにやっていたんでしょう。

村上 そう。

筆坂 億単位の金を集めていたわけだ。ただ偉いと思うのは、私腹を肥やしていないことですよ。この点ではここにいる三人共そうだけどね。この前も銀座の画廊主が村上さんを訪ねてきていたところに出くわしたけど、村上さんがいきなり僕のことを指さして、「この人は絵を買えないよ、貧乏だから」と言われた時に、「あんたも一緒じゃねえか」と思ったもの。

平野 『参議院なんかいらない』の次は、『こんな国会議員はいらない』を出版しますか（笑）。

なぜ政権交代が必要かということの一つに、政治とカネの問題、公明正大にしろということがあるわけです。ただ政治とカネの問題は昨今だけじゃなくて、長い曰く因縁、歴史がある。だからその歴史をまず知っておく必要があるんです。戦前の話は別にして、戦後、最初の保守党、自由党を作った金は児玉機関です。もともと政党が使う金は、非常にいい加減な後ろめたい金なんですよ。隠退蔵物資の金を政治の金に使おうという動きがあった。河野一郎とか大野伴睦の金は建設会社や大企業にたかって得た金なんですよ、簡単に言えば。

筆坂 出発点から汚れていた。隠退蔵物資というのは軍や軍需産業に隠されていた様々な物資で、敗戦のどさくさにまぎれて、これを軍人、官僚、政治家が私物化したといわれているものですよね。当時、国会でも問題になっているが、日本銀行の地下金庫に膨大なダイヤモンドが隠されていたとか、その額は現在の価格に換算すると数十兆円と言われていますからね。昭電疑獄、造船疑獄、炭鉱国管事件等々、政界を巻き込む大掛かりな汚職事件も頻発しました。

平野 検察は、「我は国家なり」という意志があるから、そういう問題に手を入れるわけですけど、最終的に造船疑獄の佐藤栄作、あのときは自由党ですかな。

筆坂 自由党幹事長ですね。

平野 これを逮捕しようとして指揮権が発動されるわけですよ。

村上 犬養健法務大臣。

平野 これから検察はコンプレックスを持って田中逮捕まで二十年ぐらい大物を逮捕できないんですよ。しかし世論は厳しくなっていわゆる政治資金規正法に基づく規制が始まるわけです。徐々に政治の金は公明正大にせにゃいかんと。国民の目に見えるようにせにゃいかんという世論が国際的にも出てくるわけです。

そういう中で起こったのがロッキード事件なんです。ロッキード事件はグローバル化の中のいわゆる多国籍企業の汚職です。そこで本格的に政治とカネ、政治家の倫理っていうのを確立せにゃいかんということになったのは中曾根内閣の時なんです。田中ロッキード裁判との政治的緊張もあって、政治倫理協議会という機関を衆議院の議院運営委員会（議運）の中につくるんですね、たしか昭和五十年（七五年）の終わりごろ。三、四年かかって政治倫理制度を確立します。そのときの議運委員長が小沢一郎、自民党側の窓口が山崎拓、事務局の責任者が私です。それから社会党の窓口が山花貞夫（後に社会党委員長）、こういうコンビで始まるんです。

当時、国際的にも色んな政治家の腐敗事件が起こって、政治をクリーンにしなければならないということで、ヨーロッパ各国で企業献金、団体献金を漸次減らして、基本的に政治に関わる金は税金から出したほうが公正な政治ができる、政治参加が容易になるというので政党助成金という制度ができるわけですよ。

こういうヨーロッパの動向も参考にして政治倫理制度、選挙制度、公的助成という三点セットが必要だという認識に到達するんです。いま村上さんが指摘した政治家個人の金の入りと出、これもやっぱり届けさせようというのが世界的な流れなんですよ。そこで政治家は私的利益を追い求めてはいけないんだということを担保するために作ったのが国会議員の資産公開制度なんです。株も原価だし、不動産も取得原価ですけど、調べりゃ時価がわかるわけですから。立案のときミッチー（渡辺美智雄）さんにボロクソに言われましたよ。

村上　彼は税理士だからね。

平野　僕はそれでミッチーさんと議論をして喧嘩して気に入られましたけどね。それでもやっぱりミッチーさんは筋道を理解してくれたんですよ。だから誠実にやっとけばマスコミなり司直が調べれば政治家の金の流れはわかることになってるんですよ。それとは別に政治資金規正法、公職選挙法で別に公的な金が規制されてるわけですからね。

問題は職務に関わることで悪さをしたときにペナルティがあるべきだというので、政治倫理審査会をつくるわけなんです。これも議論がありまして、田中角栄さんのように一審有罪判決を受けたら除名すべきだというのが野党の主張でしたが、一方、自民党は国民の代表として選ばれた議員としての資格、権利も重要だという主張で、なかなか折り合いがつかなかった。

昭和六一年（八六年）だったと思いますが、金丸幹事長、小沢議運委員長でしたが、この時、野党の言うことを全部呑むという決断をしたんです。角さんみたいなことが起こった場合は、政治倫理審査会で証人喚問やったり、それから資料要求やったり、場合によっては懲罰対象で除名もできるというようなびしっとした制度を作ろうということになった。金丸幹事長が野党に回答する前夜、角栄さんが脳梗塞で倒れたんですよ。そこであんまり厳しい制度だったもので言い出した野党が動揺しだすんですよ。共産党はいなかったけど、自分らもやがて問題になる、逮捕されるかもわからん。あんまりきついのはやめようと。私を呼んで緩やかに、どうにでもなる制度に作り変えるということになってしまった。緩やかなのを私が作ったんだから間違いない。

村上さんが批判する政治倫理制度には、そういう背景があるんです。

しかしいろんな問題があるんだけど、やはり政治家がどこからいくら金を得て、その金をどういうふうに使ったのか、一人ひとりの政治家としても、あるいはグループ、政党としても国民に情報開示するというのは、現代の民主主義国家の常識です。ところが与野党の議員ともに政治倫理は非常に厳しくて大事なもんだっていう自覚がないんですよ。

村上 そこが問題なんだよ。昔は政治家は「井戸塀」と言われたもんだよ。選挙や政治のために私財をはたいて、最後に残るのは井戸と塀だけになる。それでも国のために、国民のために尽くした、燃焼したというので政治家人生を終えてゆく、これこそ政治家冥利に尽きるということじゃないのか。僕は謂れなき罪で刑事被告人にされてしまったが、この気概だけは一個の政治家としていまでも持ち続けているよ。

筆坂 そもそも政治家はもっと金の力に恐れ慄《おのの》かなければいけない。ヨーロッパに金力による政治を戒めたこういう諺があるんですよ。「笛吹きに金を与えるものが曲目を決定する」。曲目を政策や財政の配分に置き換えればわかりやすいですよね。何億、何十億円も金をもらえば、そのスポンサーの言うことを聞きますよ。しかし政治が金の力で左右されたら、金と縁のない一般庶民の声はどうなるんですか。今の政治が真剣に考えなければならないことですよ。しかし現実には利権にしがみついて、私財を増やすことに熱中している政治家が多すぎる。政治資金は税金もかからないから、不明朗な事務所費なんていうのは、まさにそれですよ。

ところで資産報告だけど、僕なんか資産が少なすぎてみっともないから、あるように水増しして記入しようかと思ったぐらいですよ（笑）。

村上 河野洋平さんの資産公開、田中眞紀子さんの資産公開、これを見て国民は納得しますか。河野洋平さんの親父の河野一郎は一新聞記者出身ですよ。それがあれだけの広大な屋敷や牧場を持っている。政治をやっていてできる資産じゃないですよ。それを河野洋平さんが受け継いだわけだ。当然、相続した財産がこれだけある、ということは明らかにしてこその資産公開だと私は思うんです。

平野 実質をね。

村上 それが全然なされてない。洋平の子息の河野太郎はどうなのか、という問題も出てくる。平野さんが言うように、政治資金にしても、公的助成にしても、資産公開にしても、その制度が悪い、意味がないじゃないかとは言わない。要するに時の政党間の力関係によってその運用が適当になされているところに問題があるわけですよ。

平野 そのとおり。適当につくられてね（笑）。

村上 そうそう、適当に。だから今の憲法だってそうですよ。九条だってそうですよ。ひねくりまわした屁理屈を考えて法律をつくるわけでしょう。もっと原理原則をきちっとしていかなければ形骸化され、意味がなくなってしまう。

政治家は資産を相続すべきではない

平野 世論の盛り上がりにもよるが、政治家は二世となる政治家に資産を相続させないような仕組みが必要ですよ。

村上 そうそう、そうですよ。

平野 法律をつくらないかん。これは憲法違反じゃないと思うよ。要するに何だかんだ言っても、選挙に勝つ、投票するっていうことは、最後は金の額ですからね、いろんな意味で。だから二世、三世は一定の枠で資産を相続させないとか、そういうドラスティックなことをやらなきゃいかんでしょうね。それから精神鑑定までしろとは言わんけど、人物評価もね。

村上 政治家の資産を一定の範囲で相続させないということは大事ですよ。考えてみたら鳩山家がそうでしょ。あそこの家は鳩山和夫、鳩山一郎、鳩山威一郎、そして由紀夫、邦夫と全部政治家ですよ。それが音羽御殿と言われるような大資産がある。何をやってあれだけの資産を残したのか。河野洋平一家がそうです。田中角栄がそうですね。小泉だってそうですね。

平野 麻生も、安倍もそう。

村上 福田も然り、全部そうなんですよ、これ。こういう連中が総理・総裁になってるんですよ。じゃあ総理・総裁になった人たちが、親父が蓄積した財産を庶民にばら撒きましたか？　また蓄財してるわけですよ。これでは民の竈《かまど》がどうなっているか、心を砕けませんよ。これは改めなければいかん。森さんは彼の秘書時代から知っているが、政治一筋でやってきた人だ。他の事業で金儲けしたとは聞いたことはない。にもかかわらず、都内の瀬田の一等地に数億円の邸宅を構え、今やIT成金たちが根城にしている六本木ヒルズに住んでいるそうだね。国民は政治家とはそんなに儲かる商売なのかと不信感を深めていますよ。

平野 政治とカネっていうのは領収書を付ける付けんとか、そんな次元の話じゃないんですよ。

村上・筆坂 そう、その通りだ。

筆坂 普通にやれば、政治家をやって金が儲かることなんてない。財産など残せないんですよ。

平野 私らは十二年やってもちっとも儲かってない。

村上 KSD事件のときに新聞記者が私の家の前まで来て、「これがほんとに村上正邦の家なの。議員会長の家じゃないでしょう」と言って、車を降りず、素通りしたっていうんだから。

筆坂 予想に反して小さかった。失礼な（笑）。でもマスコミもそういうものだと思い込んでいる。そこが問題なんですよ。

なんと「せこい」政治家が多いのか

村上 それにしても国会での議論を聞いていると、領収書は一円からだとか、何だとか、ちまちましたことばかり議論している。もっと本質的な問題に切り込まなきゃ駄目ですよ。

平野 そうですが、ただ、誠実な金の出入りの届けはしなきゃ駄目だね。

筆坂 誠実にオープンにするのはいいことですよ。ただ、今の議論はえらい瑣末だ。

村上 共産党だってやらない瑣末な議論だよ。

筆坂 やってるようですけどね（笑）。ほんとに瑣末な、なんかちょっと違うんじゃないかと、同じ政治とカネといってもね。領収書二重に使ったと。それも大した額じゃない。一億円を二回使ったっていうなら話は別ですが。一万八〇〇〇円の領収書をコピーして使ったとか、せこい話ばっかりだ。政治家のせこさに、むしろ国民はあきれてるんじゃないですか。

平野 自民党の国会議員はせこくなってきたんですよ。率直に言ってバブルが弾けて、一部勝ち組になってる人たちは別だけど、そうでない人たちはピンハネが減ってますからね。

筆坂 そうだと思いますよ。だから要するにもう少し議論を深めないといかんと思うんですよ。

たとえば玉澤徳一郎が一つの領収書を五回使い回した、「ひどい」って言うけど、僕は「せこい」って言った方がむしろ適切だと思う。こんなせこい人間が、なんで国のため、国民のために働けますか。考えてるのは自分の懐《ふところ》だけですよ。ここをもっと抉り出さないとね。

平野　むしろそっちのほうに問題がある。

村上　そうそう。自分の銭勘定、自分の財布の中ばっかり勘定してる。僕は、ここに国民は呆れてるんだろうと思うんですよ。

筆坂　最近のテレビはニュースなのか、ワイドショーなのかよくわからんけど、せこい話ばっかり大騒ぎして、本質問題が議論されてない。

村上　そう。政党助成金をどうするのか、企業献金をどうするのか、何も議論してない。よく知りもしないコメンテーターが知ったかぶりで適当なことをしゃべってるだけだ。

平野　高知県みたいに切り捨てられている地域の土建業なんていうのは、赤字でやってるわけだから、政治家にピンハネされたら死活問題なんですよ。

筆坂　この前の参議院選挙で、国土交通省の事務次官だった佐藤信秋というのが比例で出たでしょう。テレビでずうっとそれを追っかけ取材してたけど、小さな土建業者が集まりに呼ばれても、「俺は行かないよ。行ったって仕事が来ない。以前だったら行けば仕事がとれたけど、今じゃ行っても仕方がない」と言ってましたよ。やっぱり公共事業が減ってきてるからね。だから平野さんが言うように、自民党の政治家はパイプが細くなってきて、すごくせこくなってきたのは間違いないと思いますよ。

事務所費問題の決着のつけ方を提案する

村上 国会も、各党もだらしがない。いつまでゴチャゴチャやっているのか。

私には一つ提案があります。まず一定の期間を設けて、政治資金収支報告に間違いはないか、事務所の実体はあるか、光熱水費は問題ないか、領収書の使い回しはやってないか等々、修正や訂正があればすべて一定の期限を決めて届け出をさせる。これに対する何らかのペナルティを政治倫理審査会として課す。それ以降は、司法に委ね、法と証拠によって厳罰に処す、というやり方です。

牛の涎《よだれ》じゃあるまいし、いつまでもダラダラやっていては政治不信を募らせるばっかりだ。この国会で膿を出し切ってしまうんです。政治とカネに関する特別委員会を設置することも検討すべきです。福田内閣は政界浄化の内閣と位置づけたらいい。

筆坂 それは良い提案だ。賛成ですね。「政治への信頼」を口にする福田総理自身が、一〇〇枚以上もの領収書の宛名を改竄《かいざん》していた。また公共事業受注企業から選挙のための献金を受け取り、北朝鮮系の企業からも献金を受け取っていたと言うんですから、話になりませんよ。

村上　政治家は数々の特権の上に胡坐《あぐら》をかいているんです。そして私腹を肥やしている。だから多くの資産を持っているんです。

それと閣僚や各政党の役員は、陣笠議員以上にみずからの政治責任を厳しく律するべきです。それなくして政治への信頼などあり得ません。石破茂防衛相だって、大臣に就任したその日にあわてて収支報告の修正をしている。それまで自分はきれいだ、と言わんばかりの顔をしてテレビに出まくっていたにもかかわらずですよ。こういう卑怯な態度こそが、政治への不信を引き起こすんですよ。

民主党も渡部恒三最高顧問や元秘書で福島県知事の佐藤雄平が事務所問題でややこしいことをしていた。民主党も自民党を本気で追及するのであれば、身内だからといってかばいだてしないで、きっちりとした処分をしなきゃいかん。与野党ともに膿を出し切ることだ。

筆坂　みんな大臣になると急に修正するんですよね。つまりインチキしていることを前から分かっているから、大臣になった途端にやるんですよ。性質《たち》が悪いんですよ。民主党は、ここで自民党からつけ込まれないようにしなきゃね。

村上　もう一つの提案は、政治倫理審査会のあり方です。現状は駆け込み寺、隠れ蓑《みの》に使われ、疑惑隠しの役割しか果たしていない。一番の問題は、原則非公開になっているからなんですよ。こんなものはない方が良いとさえ思ってますが、存続させるというのであれば、原則公開にすべきです。

腐敗した歯科医師会に候補者擁立の資格なし

村上　候補者を出すこと自体、自民党がきっぱり止めるべきだと私が思っているのが歯科医師会ですよ。ここが日本歯科医師連盟（日歯連）という医療行政に圧力をかける政治団体を作っているが、莫大な政治資金を集めている。だから平気で橋本龍太郎に一億円もの金を出したりしてきた。

こんな巨額の金を渡すということは、歯科医師会の利益につながるからです。そしてあの日歯連闇献金事件を引き起こした。しかもこの事件では、闇献金の現場にいた橋本龍太郎、野中広務、青木幹雄の誰もが罪に問われず、なんの関係もない村岡兼造（元官房長官）だけが、政治資金規正法違反で起訴された。一審判決では無罪だったが、二審判決では有罪判決が出ている。高裁の裁判官はどこを見ているのか、と言いたい。これぐらい明々白々な冤罪《えんざい》はありませんよ。

筆坂　私も村岡さんや関係者に話を聞きましたが、検察も、高裁も本当にひどいです。村岡さんは今、最高裁に上告されていますが、なんとか名誉回復されることを祈ってますよ。

村上　村岡さんは戦ってる。当然ですよね。問題は、この最中にまた日歯連が石井みどりという候補者を自民党から擁立し、当選させたことですよ。政治とカネの関係を断つというなら、こういう関係をこそ清算すべきだ。こういう団体からは候補者を出さない、自民党も公認しない、自民党はこういう姿勢をきちんととるべきです。

一〇〇〇円がどうだ、一円がどうだなんかの問題じゃないんだよ。こういう関係は日歯連だけじゃない。他にもある。ここを断ち切るかどうかが一番の問題なんですよ。大きな政治とカネの癒着関係にメスを入れずして、国民の信頼など勝ち取れませんよ。

平野　歯科医師会も医師会もそうですが、これらの組織の政治とカネの問題は、極めて異常なんです。なぜなら現在の医療制度というのは、自由診療が少ない。ほとんどの場合、自己負担三割でしょ。あとの七割は保険料と税金、つまり公の金なんですよ。つまり例の橋本派への闇献金一億円のうち七〇〇〇万は税金と同じなんですよ。自分らの金は三〇〇〇万ですよ。公共事業といっしょなんですよ、社会保障というのは。僕はそこにメスを入れなきゃ駄目だと思う。

筆坂　そりゃそうだ。

平野　ところがここを検察もやれ、民主党も質問しろ、新聞も書け、雑誌も書けって言ってるんだが、誰も取り上げないし、書かないんですよ。

村上　僕もそこを言いたいね。村上には言われたくない。お前は何々だという声が聞こえてくるが、こうした立場だからこそ大きな声で叫びたい。死んでも政治家の不正を正せと糾弾してゆく。

金をかけずに努力する政治家を国民は欲している

筆坂　村上さんは政党助成金廃止論者なんですよね。

村上　そう、これはなくすべきですよ。

平野　というより一挙にはよくならん。それがだんだん試行錯誤してよくなるものなんですけどね。要するに金持ちじゃないと選挙に出られないようじゃ困るんですよ。だから問題は政党助成金を導入する時に、企業・団体献金をなくすべきだったんですよ。

村上　そうそう、そっちをぴしゃっと閉じる必要があった。

平野　そしてね、個人献金にしていくんですよ。それができていないことが一番の問題です。パーティーなんかでごまかしたりね。

村上　そうそう。政治家の都合のいいようになっているよ。

筆坂　なんか共産党の主張と同じになってきましたね（笑）。

村上　それとねえ、政治に金がかかるから公的助成が必要だとか、金のない人間が政治の世界に出られないのでは困るとか言うけれど、私は、民意はもう少し前進してると思いますよ。あの静岡で、なんと言ったかな、金のない候補者？

平野　片山さつきに落とされた？
筆坂　城内実ですね。
村上　そうそう城内実。彼なんか金なんかかけてないんですよ。毎日、毎日、旗を立てて街頭に立って、頑張っている。そういう姿を見ると、我々が少しでも浄財を集めてやろうじゃないか、と思うからね。
平野　あれ、いい男だよね。
筆坂　あれはほんとにいい男だ。
村上　多くはないが、そういう浄財に依拠して彼は選挙運動を進めているわけですよ。金はかけてませんよ。彼、今度は当選しますよ。
筆坂　絶対勝つと思うし、ああいう人物に当選して欲しいですよ。
村上　真剣に政治に打ち込んでる姿を見れば、有権者は自ら浄財を集めて応援するんですよ。金のない政治家も政治家として立派にやっていける。そういう世論ができつつあると思う。
平野　あるね。
村上　むしろこういう動きこそ、もっと伸ばしていくべきなんです。それが政党助成金をもらいたいという卑しい根性で、年末になると小さなグループが次々生まれる。これは言ってみれば、一つの植木鉢に全然異質であっても木を五本植えれば、天から水がもらえるからなんです。

もともと金だけの打算で組んだ徒党だから、簡単に弾けてしまう。新党日本なんてそうじゃないですか。首班指名で安倍に投票した奴までいるでしょう。

こんなのは、寄らば大樹の陰でまた大きなところへ戻って行く。節操も何もあったもんじゃない。こんな連中に、どうして税金から何億円もやる必要があるんですか。無駄遣いの最たるものですよ。

平野 民主党も、自由党でもそうでしたけど、大体次の選挙までどのぐらい活動費がかかるかというのはわかります。平均的な額がね。多すぎたら失敗しますね。大体三年ぐらいで五〇〇〇万円ですよ。多すぎたら、必ず違反とかトラブル起こしてますね。

村上 政治家にずいぶん厳しい意見を言ってきました。「お前はどうなんだ」という批判もあるでしょう。私自身、森喜朗から小泉純一郎に政権が替わった責任の一端はKSD事件であり、私にあると思ってるんです。なぜ小泉かと言えば、森では選挙を戦えないからっていう。その責任の一端は議員会長やってた村上までが逮捕されたことにある、という。あとでも述べますが、私は公正な裁判がなされるなら絶対に無実になると確信していますよ。だからこそあのときも青木幹雄が私に政治倫理審査会に出席して弁明したらどうかと言ってきたんですが、あえて断ったんです。政倫審なんか意味がない、あんなものは政治家が逃げるための駆け込み寺じゃないか、と。だから僕は逃げずに証人喚問を受けたんです。それが政治家の矜恃というもんでしょう。

筆坂　僕はあのとき共産党のKSD問題追及の責任者だったんですが、村上さんは証人喚問には応じないと思っていた。それが堂々と出てこられたので「さすが村上天皇だ」と思いましたよ。政倫審はまさに駆け込み寺です。あんなものはなくした方が余程良い。

村上　言い訳するだけの場所になっている。

平野　制度というより運用が問題なわけです。

村上　僕がなぜ政倫審などには出ていかない、証人喚問を受ける、と言ったのか。それは多くの政治家が政倫審という隠れ蓑に逃げ込んでいく。こんなみっともないマネをしてはならないと考えたからなんです。制度がどうあれ、政治の力関係でその運用がどうにでもなるわけですから。だから敢えて政倫審の在り方について一石を投じるために証人喚問を受けたんです。しかしそんなことは一顧だになされない。政倫審についての反省も何もないわけです。

だから政倫審だけじゃなくて、公的助成にしたって、資産公開にしたって、そのときの政党間の力関係で適当に運用される、力のあるものがねじ伏せてしまうところに最大の問題がある。政治家の特権となると各党慣れ合いで、すぐにも合意して法律を作ってしまう。

筆坂　今の国会議員には、村上さんが政治生命をかけて行った証人喚問をしっかり受け止めてもらいたいね。僕はそのとき、村上さんを尋問する立場であっただけに、余計にそう思いますよ。現状は、みんな同じ穴の狢《むじな》でどうにもならないですよ。

村上 そうそう、どうにもなりませんね。

平野 政治倫理制度が世界的に議論されたころ、カナダでのＩＰＵ（列国議会同盟）事務総長会議に僕は出席して説明したんですよ。笑われましたよ。日本の政治倫理制度、かっこだけじゃないかって。

村上 自浄作用を持たないんですから。

筆坂 今の政治家に自浄作用など期待したって無理なんですよ。泥棒に盗人を捕まえろ、と言うのと同じ。じゃあどうするかっていったら、政権交代なんですよ。これが一番効くんです。

平野 その通りです。

本会議代表質問で収賄罪の成立はあり得ない

村上 私は、ＫＳＤ事件に巻き込まれて、受託収賄罪で逮捕・起訴され、いま最高裁で無罪をかけて争っています。検察の主張というのは、端的に言えば、ＫＳＤ（中小企業経営者福祉事業団）が設立を目指していた職人大学（現ものつくり大学）について、同事業団の古関忠男理事長から、議員会館で有利な質問をするよう依頼（請託《せいたく》）され、それを参議院本会議の代表質問で取り上げ、その見返りとして議員会館で現金五〇〇〇万円受け取ったというものです。Ｋ

SDの帳簿には、お礼の原資とされる五〇〇〇万円は一〇月二日に出金され、一二月五日に返金されていると記載されています。これも不明瞭な点だ。

しかし、裁判を通じて肝心の請託の事実も、現金授受の事実も根底からそれを崩すような事実、証言がたくさん出てきましたから、当然、無罪判決が下されると確信していましたが、有罪判決が下され、唖然《あぜん》としてしまいました。この詳しい経過は、ジャーナリストの魚住昭さんが、私からの聞き書きとして月刊誌『世界』（岩波書店）に連載し、それをまとめた『我、国に裏切られようとも』（講談社）が今年（二〇〇七年）一〇月に出版されましたので、お読みいただければありがたいです。

そして今、最高裁に提起している新しい問題があります。それは国会の本会議代表質問とはどういう性格のものか、ということです。検察も、裁判所も、本会議代表質問が議員個人の意思で勝手にできるものだととらえています。だから私が古関氏から請託され、それを本会議代表質問で取り上げたと主張しているんです。

筆坂　それは無知としか言いようがありませんね。

村上　そうなんです。代表質問というのは、その政党・会派の考え方、主張を党を代表して時の政府にぶつけるものですよ。ですからその質問内容も議員個人が勝手に決めることはできないものです。党の機関である役員会に諮り、了承が必要なんです。

筆坂　これはどの党も基本的に一緒だと思いますが、私が共産党にいたときも、国会議員団や党本部の政策スタッフなど集団で議論しながら作り上げ、政策委員長、書記局長、委員長、議長と順に決裁を得ていったものですよ。共産党を代表してやるんですから、当然のことなんです。そこが通常の委員会質問と性格を大きく異にしている点なんです。判決を読んでみると、裁判官は本会議代表質問も委員会質問も同列に論じていますが、まったくわかってないですね。

そう言えば、こんなことがありましたよ。共産党に有働正治という参議院議員がいたのですが、あるとき、本会議代表質問で「私は日本共産党を代表して、○○大臣に質問します」と言わなければならないところを、いきなり「私は、○○大臣に質問します」とやっちゃったんです。「日本共産党を代表して」というのを飛ばしてしまった。あとで本人から聞いたら、質問時間がオーバーしそうだったので、できるだけ短くするために、その部分を読まなかったというんです。ところが、これに他党の議員が気が付いて、本会議の運営をつかさどる議院運営委員会理事会で問題になり、「代表質問なのにこれはおかしい」というので大騒ぎになった。

この時には、共産党が平謝りに謝って、懲罰にはならず、会議録を訂正して「日本共産党を代表して」を挿入することで決着したんですが、そういうものなんですよ。

村上　そうですよね。そこにはもちろん議員の個性が反映されますよ。しかし、それは党として議論し、揉《も》んだ挙句《あげく》のものなんです。つまり所属政党の意思ということなんです。「ものつくり大学」の設立もまさに自民党としての政策提起だったんです。

筆坂 当然そういうことでしょうね。ですから無所属議員の場合には、本会議での代表質問は出来ませんからね。だから二院クラブなどの院内会派が政党とは別に形成されてきたんですよ。

村上 しかも憲法五一条は、「両議院の議員は、議院で行つた演説、討論又は表決について、院外で責任を問はれない」と規定しています。これは国会議員の自由な発言を保障した大事な規定だと思うんです。だから本会議代表質問について収賄罪に問うということは、本来、あってはならないことなんですよ。ましてや明治二二年の国会開設以来、代表質問で収賄罪に問われることはなかった。これは不文律ですよ。

筆坂 たしかにそこは議員の個人の意思で行う委員会質問とは、大きく異なっているところですよね。

村上 私は、いやしくも参議院議員たるものが、汚職の嫌疑《けんぎ》をかけられ、世間を騒がしただけでも万死《ばんし》に値すると考え、また逮捕許諾請求によって本会議を汚すことをさしてはならぬと決意し、議員バッジを外《はず》しました。しかし、請託も受けた覚えがない、御礼も受け取ってはおりません。私の事件によって、国会議員の自由な発言に障害がもたらされるようなことだけは、議会人として、政党人として生きてきた私には、絶対に受け入れられないんです。

恥さらしな参議院自民党の体たらく

村上 参議院の話に戻るけど、自民党尾辻参議院議員会長が福田に、まだ総理に正式に決まってもいないときに、「参議院から二人の閣僚よろしくお願いします」と言っている。恥ずかしい限りですよ。参議院の見識が疑われますよ。参議院っていうのは、もう少し品位を持たなきゃいけません。

筆坂 それもあるし、何よりも野党に過半数握られて、そんなこと言ってる場合じゃないでしょう。危急存亡の時だから、参議院がどうのなどと考えずに、いちばんいいと思う組閣をして下さい、ぐらいのことを言うべきですよね。

村上 そうなんですよ。そうでなきゃ、舐められますよ。

平野 新しい自民党役員の記念写真を見ても、端っこに尾辻参議院議員会長と山崎正昭参議院幹事長がちょこっと写ってましたが、いかにも軽量級になりましたね。良し悪しは別にして（笑）、村上議員会長、青木幹事長時代と比べると党内や政局への影響力は雲泥の差でしょう。

村上 矢野哲朗を見て下さい。みっともないったらありゃしない。安倍改造内閣でお呼びがかかると思って、議員会館にテレビカメラを入れて、今か今かと待っているがお呼びはなし。あげくに総理に電話して文句まで言う。何を考えているのか、と言いたかったね。参院選では同志、仲間が次々討ち死にした。その責任は国対委員長だった矢野にもあるんですよ。官邸と衆議院の言いなりになって、禁じ手まで使い次々強行採決をする、その衆議院自民党のやり方が批判され、片山・景山が落ち、多くの同志が落選した選挙だ。矢野の選挙区の栃木でも同志を落選させた。その陣頭指揮をとった一人なんですから。大臣になる前に、自分の頭を丸めるのが責任ある政治家のとるべき態度でしょうが。

筆坂　テレビを見ているこっちの方が恥ずかしくなったもんね（笑）。

参議院を制する者が天下を制する

村上　やっぱり二院制のあり方を考える時に来ているとしみじみ思いましたよ。

小泉の時に、参議院は郵政民営化法案をいったんは否決した。ところが小泉は参議院の意思を無視して、衆議院を解散した。二院制が踏みにじられたんですね。そのツケが今度の参議院選挙で来て、与野党が逆転してしまった。そこでまた参議院無用論が出てくるわけなんですよ、ねじれ現象の中で。

筆坂　政府与党の思いのままにならない参議院なんかいらない、というわけですね。これは我々三人が出版した『参議院なんかいらない』という著と正反対の議論ですよね。我々は、時の政権の言うまま、衆議院の言うままの参議院では存在意義はない。もっと参議院の権威を高らかなものにせよ、という提起をしたわけですから。

村上　それから三分の二以上を衆議院では与党が取ってるんだから、衆議院に戻して再議決をすればどんな法案も通る、そうすればいいという議論も生まれてくる。参議院というのはいったい何なのか、ということを根本的に考える時に来ていると思う。現憲法下では両院が同じ権能を持ち、衆院の議決が優先するなら参院でかける労力と時間は無駄になる。

筆坂　参議院で与野党が逆転して政権交代の可能性が出てきた、政治が動き始めた、これ自体はいいことなんだけど、これが本当のあるべき姿なんだろうか、とは思う。第一院はやっぱり衆議院ですからね。

平野　そうだけど、日本は参議院でしか政治が変わらんと考えたほうがいいんですよ。

筆坂　うーん。

平野　参議院では政治が変わるけど、衆議院の選挙では政治が変わらんという構造の原因がどこにあるか、それは一つは日本人の政治文化なんですよ。衆議院の選挙になると、食えるか食えないかの話になるんですよ。そこで主義主張とか将来の夢なんかなしに、当面食わせてくれる人に入れるということになるんですよ。

筆坂　それもあるが、選挙制度の問題もある。なにしろ参議院には解散がないし、任期は六年ですから。いったん過半数とったら最低でも三年から六年はこの力関係は変わらない。そういう意味では、否応なしに参議院を制する者は天下を制する、ということになるんですよ。

村上　そういうことです。だから自民党政権の不安定はまだ続きますよ。かつて竹下（登）さんが「総理大臣も使い捨てだ。一年の使い捨てだ。流行歌手だってせめて二年だよ」と言ったことがありましたが、そういうところに自民党はまた入ってきた。が、参議院自民党には、その危機感がない。相変わらず二人の閣僚ポストを確保するとか猟官運動をやっている。そんな小事にこだわることに私は歯がゆさを感じるんですよ。

政治改革こそ喫緊の課題なんです。まず為すべきは国会議員の大幅な定数是正ですよ。衆院は一八〇の比例代表はカットして、三〇〇の小選挙区だけにする、参院は選挙制度をどうするかは問題だが、定数は現行の半数にして一〇〇議席くらいにすべきです。

第三章 小沢一郎と政界再編へのシナリオ

自民党をぶっ壊す先達は小沢一郎

平野　参議院選挙は、自民党にお灸を据えたという論は当たってる反面、本質を突いてないと思うんですよ。

筆坂　うんうん。

平野　そんな簡単なものじゃないと思う。やっぱり生きるか死ぬか、要するに弱肉強食社会をつくるのか、共生社会をつくるのかということ、たまたま小沢のあの人相と「生活が第一」、それから安倍の「成長を実感に」というあのポスターで体制選択みたいになったんですよ。社会主義か資本主義かという体制選択じゃなくて、人間が住む社会なのか、いわゆる金が淵源化した社会なのかという、それを有権者は無意識に感じて投票に行ってるんですな。これは本格的に政権交代するための有権者の素地ですよ。これを民主党がこれからどう生かすか。

筆坂　テレビのコメンテーターや評論家がもっともらしくお灸論を述べるんだが、彼ら彼女らの見方は実に浅薄で無責任だ。ある意味では国民を舐めきっている。彼らはテレビに出演して高額のギャラを受けとって結構な生活をしているから、国民の痛みがわからないんです。今、年収二〇〇万円以下の労働者が一〇〇〇万人もいるんですよ。

それと平野さんが「体制選択選挙」だったと言っているでしょう。なかなか興味深い見方ですよ。なぜなら「自民党政治」というのは、日本では苔の生えたそれ自体が一種の体制だからですよ。僕は小沢さんが自民党を割って出て以降、日本の政治は、単純化すれば、「自民党を、あるいは自民党政治を壊すか壊さないか」ということが基軸になってきたように思うんです。国民がなぜ小泉流に熱狂したか、国民を引きつけた最大のフレーズは「自民党をぶっ壊す」ですよ。郵政民営化なんかじゃない。あんなものは民営化すればどうなるかなんて誰も知らなかった。現にいまごろになって手数料が上がると言うので怒りだしている。郵政造反議員、これも自民党ですからね、これに刺客を送り込んでぶっ壊そうとしたから拍手喝采を浴びたんですよ。

小沢さんも国民的人気が高い政治家ですよ。なぜかと言えば、真っ先に自民党を飛び出して一時ぶっ壊したからですよ。今も小沢さんなら壊してくれそうな気がするからですよ。自民党をぶっ壊す先達は、小泉じゃなく小沢ですから。小沢さんもこのことは忘れないことだ。

村上　小泉はある意味で犯罪者ですよ。国民をあざむいた詐欺だ!!　ぶっ壊すと言うだけの話で、ぶっ壊してないんですよ。ほんとにぶっ壊そうとしてるのは小沢なんですよ。いまだに彼は失敗したと思ってませんよ。ここに「知恵袋」さんがいらっしゃるけどね（笑）。これからだと思ってる。秘策を練っていることでしょう。何が飛び出すか目を離せないね。

筆坂　そう願いたいですね。

村上　小沢の自民党をぶっ潰すという、あの信念は間違っていませんよ。執念のようなものを感じます。

平野　だから自民党の悪い部分からは、共産党以上に小沢や私は嫌われるんですよ。

画期的だったシーファー・小沢会談

筆坂　この本が出版されるころには、テロ対策問題の状況も相当変化していると思いますが、民主党の政権担当の能力を評価するうえでも、この問題は格好の材料になるでしょう。たとえばテロ特措法の延長を巡って、シーファー駐日アメリカ大使と小沢代表が会談をしました。私は率直に言って思い切った対応をするもんだと感心したんですが。

平野　シーファー・小沢会談で小沢はボールをアメリカ側に投げた。ほんとうは当時の安倍政権、自民党側に投げなきゃいかんけど、コミュニケーションができませんからね。安倍にしても、当時の小池百合子防衛相にしても、そんな能力がないですから。

どういうボールを投げたのかというと、要するに九・一一の同時多発テロ直後にテロ特措法をつくったわけですが、あの時点で明確な国連決議がないということを言ったんです。

ですから民主党に賛成させるなら、日本政府とアメリカ側は国連の決議をきちんとやらなきゃいかんのですよ。また、あのときのアフガニスタンの状況と今とは根本的に違います。今は治安問題で、むしろ国際法の常識からいえばＰＫＯを国連は出す時期なんです。

そういう中で去年の暮れに、民主党としては現行法反対という意思を明確に打ち出しているわけですから、この変更はあり得ません。前原（誠司）らが、国際的貢献を阻害する、などと言っていますが、民主党としてそういう理屈はあり得ないはずなんです。

小沢は国連決議に基づくＮＡＴＯが出してるＩＳＡＦ（国際治安支援部隊）のような方式なら参加できると言っている。ある意味じゃ一種のサジェスチョンをしてるわけですよ。

筆坂　あのときはね、九・一一の同時多発テロでアメリカがやられた。普通はテロを武力攻撃とは見なさないが、九・一一の場合はあまりにもその規模が大きかった。これは武力攻撃と見なすのも仕方がないという空気があった。武力攻撃ならアメリカに自衛権が生じるわけです。しかも当時のアフガニスタンは、タリバン政権がテロ組織アルカイダを保護し、一体化していた。だからアメリカが自衛権の行使によってビン・ラディンとかアルカイダをやっつけるのは仕方がないというので、ある意味では世界が黙認したんですよ。

本来は、報復戦争は、恨みが恨みを呼びエンドレスになるのでやってはいけないんです。自衛権の行使だって、アメリカが勝手にやって良いというルールはなく、国連の枠組みの中でやることなのですから。

平野　あの時はね。

筆坂　しかも結果はどうか。泥沼でしょ。ビン・ラディンはやっつけられない、アルカイダは復活しちゃった。テロはなくなるどころか拡散しちゃった。まったくテロ対策になってないというところに、今日本も世界も真剣に考えなければならない根本問題があるんです。

ところがそういうことをまったく吟味しないで、アメリカやパキスタンに油をただで提供するのがテロ対策だと言う。そもそもテロ特措法というネーミング自体が看板に偽りありですよ。

平野　国連の要請でNATOがISAFを派遣していることに、小沢は賛成しています。それにはシーファーも驚いてるんですよ。給油というのは軍事活動の一環だけど、直接の軍事活動じゃないでしょう。なのに小沢はNATOの方を認めてて、なんで給油を認めないのかと自民党は言うわけです。

村上　アメリカも今まで民主党を相手にしていなかった。だから、特措法については何の説明もしてこなかった。何のコンタクトも取らずに、自民党とだけでやってきた。今度、参議院で与野党が逆転したため、どうもこれは国会が危ないというのでアメリカ大使がわざわざ小沢に会いにきた。舐めてますよ、日本の議会政治を。自民党も自民党だ。いまさらなんで小沢に会いに行くんだ、と言ってアメリカ大使に文句も言えない。そして小沢は「国民の皆さん、見て下さいよ」と公開でやった、今までこんなことないよ。

筆坂　ないですね。

村上 小沢はそれをやったわけだ。そして今言ったように、アメリカに投げた球、小沢が投げた球が世論や政治を動かす、国連を動かすということになれば、これは大変なインパクトを与えるわけだ。

しかし、多分そうはならん。シーファーは聞き置くだけだ。そして自民党に対してどうするんですか、政府はどうするんですか、小沢はあれだけ強行だよ、とあたかも自分の部下に対するようにお手並み拝見ということになるんでしょう。アメリカはこうした小沢の行動に、極めて深い不快感を持ったのではないか。今後、細心の注意をもって、アメリカの出方を見る必要があると思うよ。

筆坂 だから日本の外務省は必死になって、国連安保理でまったく関係のない決議に、日本の名も、給油ということも入ってないけど、海上阻止活動への貢献に感謝するという一文を入れさせた。

村上 みっともない話ですよ。ロシアの国連大使からも、アメリカの「不朽の自由作戦（OEF）は国連の枠外の活動」であり、ある国の国内事情のためにああいう一文を入れるというのはおかしいと非難され、棄権されてしまった。世界の安全保障を真剣に議論しなきゃならない国連安保理を、国内政局に使ってしまった。町村あたりの浅知恵だろうけど、これは日本の将来に禍根を残しますよ。

筆坂　その通りです。ＩＳＡＦは国連決議に基づくものですが、アメリカの作戦はそうではないということが、かえって浮き彫りになってしまった。

僕はこの問題では、小沢さんがアメリカ大使の要請を公開の席ではねつけた、これだけでも戦後の政治の中で特筆される事件だと思います。だってアメリカに対して、しかもアメリカがもう国の威信に懸けてやってる戦争ですよ。そこへの協力を拒否したわけですから。それに国連決議に基づくＩＳＡＦの民生支援なら参加するという小沢さんの論理は一貫していますし、よく理解できます。

橋龍がかつて共産党の「これまでアメリカの軍事行動にノーと言ったことがあるか」という質問に対して、「一度もありません」と答弁したことがありますが、小泉にしろ、安倍にしろ、まさに属国の態度でしたからね。

後藤田さんだって「もういい加減にアメリカともう少し対等・平等な関係にならなければ」と言っていた。保守でもこういう意見があるんですよ。それだけに小沢さんが取った態度は、テロ対策がどうのこうのという以上に、僕は見事で画期的な対応だったと思う。なぜ、この線をもっと強く押し出していかないのか。動揺したら駄目ですよ。

テロ特措法は嘘の塊

筆坂 小沢さんが、テロ特措法は憲法違反と言ったでしょう。民主党は、前からこんなにはっきりと言ってきたんですかね。

平野 テロ特措法が最初に提出されたとき、旧民主党は明確な憲法論議をやっていません。私たち自由党は憲法違反だと、自衛隊を海外に出す基本法案を対策として提出した。当時の民主党は本心は賛成したかった。国会の事前承認のことで反対したわけです。テロ特措法は憲法上おかしいと小泉首相自身が答弁していたインチキ法なんですよ。そもそも短期間で済むと思っていたことが間違いですよ。

筆坂 まったくその通りであり、これは嘘の塊のような法律なんですよ。

私自身、このとき、国会にいて小泉首相や福田官房長官と論戦を戦わせましたから。政府の憲法九条解釈は、集団的自衛権は持っているが、憲法上行使はできないというものです。つまりアメリカを助けて一緒に戦争することはできないということです。そこで戦闘地域以外の後ろの方で給油活動をするだけです、武力行使もしません、したがって集団的自衛権の行使にはならず、憲法違反にはなりません、という屁理屈を考えだしたわけです。

私は、こんな理屈は世界の国際法解釈の常識に照らしても、戦争の常識に照らしても通用しないということを徹底的に追及したんです。

給油活動は要するに「兵站《へいたん》」です。兵站とは広辞苑でも「作戦軍のために、後方にあって車両・軍需品の前送・補給・修理、後方連絡線の確保などに任ずる機関」とありますよ。まあ常識ですが、給油というのは補給活動ですから、兵站そのものです。だからＮＡＴＯはＩＳＡＦとはまったく別に、アメリカ軍への兵站もやっているんです。これをＮＡＴＯは集団的自衛権の行使として行うと宣言しているんですよ。

これを見つけたもんですから私は、同じ兵站をやってＮＡＴＯは集団的自衛権の行使だと明言している、日本はそうじゃないなんて屁理屈は世界に通用しないと追及した。兵站なしの戦争なんてあり得ない。ＮＡＴＯが言うのが世界の常識なんです。これでギリギリ詰めたら小泉が困って、「日本としても苦労しているんですよ」と答弁した。一本あった、ですよ。

村上　大島理森国対委員長もテレビで言ってたな。戦闘地域以外の公海上で給油をしており、直接戦争に参加しているわけではない、と。この人は何も知らないね。戦争には正面切って、相対して武器をもって戦う前線と、後方で武器・弾薬や燃料、食糧などを補給する兵站とがあることを。このどちらも欠かすことはできないのが戦争なんですよ。

平野　兵站の方がむしろ危険なぐらいです。

村上　兵站を叩くというのが、兵法の鉄則ですから。

筆坂　戦国時代に羽柴秀吉が得意だった城を水で囲んでしまう水攻めなどは、まさにこの兵站を断つ作戦ですからね。兵站をおろそかにして、破滅的戦争をやったのが戦前の日本軍国主義ですよ。ガダルカナルでは戦死者の三倍以上の餓死者が出ています。南方戦線では半分近くが餓死者ですから。武器・弾薬もなし、食糧もなしで戦場に兵士を送り込んだからです。

村上 硫黄島で万に一つも勝ち目のない戦いで、文字通り鬼神のごとく戦った栗林忠道中将は、最後の大本営への訣別電報で次のように書いているんですね。「想像をこえたる量的優勢をもってする陸海空よりの攻撃に対し、宛然徒手空拳をもってよく健闘を続けたるは……」「今や弾丸尽き水涸れ……」とね。そして辞世の句の一つは、「国の為重きつとめを果し得で 矢弾尽き果て散るぞ悲しき」というものだったんです。ところが新聞発表では、訣別電報の「宛前」つまり「まるっきり徒手空拳をもって」というのがなくなって、「全員壮絶なる総攻撃を敢行す」となっている。辞世の句も「……散るぞ悲しき」が「……散るぞ口惜し」に改変させられていたんです。大本営が戦意高揚に逆行すると考えたからです。いずれにせよ兵站の重要性は日本が一番よくわかっているはずなんですよ。まさに戦争そのものなんです。

筆坂 しかもこの石油がアフガニスタンへの作戦だけではなく、イラク作戦にも使われているというんでしょう。さもありなんです。まだこれが大きな問題になる前に政調会長だった石原伸晃がテレビで聞かれて、「どこに行っているかわからない。アメリカ軍の作戦次第ですから」と答えているんです。自民党政調会長として適切かどうかは別にして正直です。米軍はそんなこと日本には教えません。つまり使途不明金ではなく、使途不明油なんです。これも嘘です。

しかもテロ対策と言うけどビンラディンはいまだにピンピンしてる。アルカイダも復活してきた。テロは何倍にも増えている。このことこそ根本問題でしょう。油がどうのこうのと言っているのは、真剣にテロ対策をやっていないからですよ。軍事でテロをなくすことはできません。むしろ恨みを残して拡散するだけなんですよ。この数年がそのことを証明しています。テロをなくすには、治安対策、警察行動です。もっと言えばパレスチナ問題の解決や貧困の解決に国際社会がもっと真剣に取り組むことです。アメリカも一国覇権主義的な勝手な行動を自制することです。同盟国なら、こういうことを率直に指摘するのが本当の意味での「主張する外交」です。いまの政権の実体は、「主張される外交」ですよ。

平野　まったく正論だ。NATOの場合はやっている行動は全部国連安保理に報告してるんですね。アメリカの戦争だけは放ったらかしなんですけど。

それと国際貢献というのであれば、日本がやっていることがどう貢献しているのか、日本の油がどこにどう流れているのか、実態を国民の前に公表すべきです。

村上　そうそう、ちゃんとさせないとね。それを全部伏せておいて、ただ国際貢献だ、アメリカとの関係が悪くなるというだけじゃ国民は納得しない。福田首相の所信表明演説に「平和を生み出す外交」という表現があるが、平和を生み出すことと、平和に貢献するということはどう違うのか。聞いている国民も議員も全く理解できない。

政権担当能力とは何か

村上 民主党の中はまとまっているのかね。国民投票法案を見てても、自民党が仕掛けたわけじゃないだろうと思うんですが、参院民主党で賛成するのがいましたからね。前原誠司なんかテロ特措法の延長に賛成するとはっきりテレビでも言ってたからね。

平野 情報によれば、小泉グループが民主党の反小沢グループを誘導し、テロ法案に賛成させ、新党を作る動きがあるとのことだが、そこまで度胸はないと思う。

村上 踏絵というかあぶり出しになっていく試験紙になるだろうと思いますがね。参議院で賛成にまわるのがそう多いとは思わないけどね。渡辺秀央ほか数名じゃない。

平野 それは大丈夫ですよ。

村上 民主党からすれば腐ったリンゴということになるだろうけどね。

筆坂 それで民主党から見れば腐ったリンゴが離脱していったとしても、それはそれでいいんじゃないですか。すっきりして。

村上 参議院は誰かいますか。

平野 参議院にはいませんよ。この前、水戸に行って話をする機会があったんですが、今の民主党の現状について、こういう話をしたんです。「ピョンピョン跳ねるカエルが民主党にはいっぱいいるが、それを小沢は大きな風呂敷に包んだところだ」と。まだ跳ねたがるのもいるけど、おおかた納まるようになってきた、というところでしょう。

村上　参議院選挙で大勝したことがやっぱり大きいよね。

平野　それと私がいつも彼らに言うのは、彼らは外交においては与党と同じでないと政権担当能力がないという論なんですよ。馬鹿なことを、アホなことを言うなと言っているんです。

アメリカとは同盟関係であるという基本認識があればいいことであって、それは言いたいことを言い議論する、お互いに意見が違うから政権交代をするわけですからね。ところが外交だけじゃなく、教育とか、治安においても与党と同じ意見じゃないと、政権担当能力がないという誤った考えを彼ら持ってるんですよ。

筆坂　そんなに同じじゃ政権交代する意味がないじゃありませんか。ただそういう議論は、有識者といわれる人や、評論家などにも多いですよね。もっともらしいけど大間違いですよ。

僕は日米関係でも新しい境地を切り開くぐらいの大志を持たないと駄目だと思うんですよ。日米同盟関係が簡単に解消されるとは思わないけど、これだって永久不滅の関係ということではないでしょう。二国間軍事同盟なんですから。国連憲章の理想から言っても、もっと幅広い平和協力の関係をアジア諸国との間でも、世界の国々との間でも築く構想力を持たないと思考停止になりますよ。

まずは対等、平等の関係に一歩でも近づくということでしょうがね。

平野 小沢は昨年九月の代表選挙出馬演説でも、アメリカとの同盟関係が一番大事であるということ、同時に対等かつ平等に議論し合う。そして協力して国際平和に貢献することが大事である、とちゃんと言ってるんですよ。

筆坂 そう、選挙中も小沢さんそう言ってましたよ。対等・平等っていうことをね。僕はこれがうんと大事で、それを実行したのがシーファーとの会談だったと思う。

村上 それにしても小池百合子さんというのは後先を考えることができない女だね。筆坂さんが議論の相手にならない、と言ってたけどまったくその通りだね。特措法延長反対の立場にいる民主党の党首に向かって、「あの人は私はいっしょにやってきましたよ。だからあの人のことは私が一番よくわかってるのよ」と言わんばかりで、「カレンダーが止まってるよ」などと無礼な発言を平気でする。こういうことを言うと言われた小沢さんがどういう気持ちになるのか、民主党がそれに対してどういう感情を持つのか、火に油を注ぐようなことを言っている。もう防衛大臣ではないからいいけど、彼女を引き続き大臣なんかにしたら大変ですよ。

それとね、今アメリカは両にらみだと思いますよ。必ずしも民主党は駄目、自民党一本ということではないと思う。福田内閣のお手並み拝見というところですよ。ですから成り行きによっては、期待感はむしろ民主に行くことも十分にあり得ますよ。

正攻法に勝る戦術・戦略なし

筆坂　国際情勢がどうなるかにもよりますが、私は逆に当時と今の決定的な違いがあると思うんですよ。自公という単位で見たとき、まず最低でも六年間は参議院で過半数を確保することは不可能です。それと寄せ集めという批判もあるけれど、細川政権の時には村上さんが言う八《や》岐大蛇《またのおろち》、八頭立ての体制だった。いまは基本的には民主党一党です。国民新党、社民党、共産党の存在もありますけれども、勢力が違いすぎる。ですから奇手奇策はとるべきではない。参議院での多数をよりどころにして、「車懸りの戦法」とでも言うのでしょうか、息もつかせぬぐらい次から次へと法案を提出し、国政調査権を発動させ、福田自公政権を攻め立てていくことが大事です。もちろん根底には、国民生活を置かなければなりませんが。そして一刻も早く解散総選挙に追い込んでいくことですよ。

村上　そのとおりだ。今の衆議院での自公の多数というのは、郵政民営化是か非かだけのシングルイッシューでとった議席ですから、消費税にしろ、何にしろ、国民の信託を受けていないんですよ。ところが安倍は、この多数の力で憲法の国民投票法制定や教育基本法の改正を強行してしまった。こんな問題は、郵政民営化選挙では国民に問うてないんですから。福田政権が何かやろうというのであれば、まず解散総選挙で国民に信を問うことから始めるべきなんです。

平野　安倍から福田に替わったが、自民党の本質は変わってないので、民主党自身を固めて総選挙で衆議院でも多数を握っていくしかない。正攻法に勝る戦術戦略なし、ですよ。福田と小沢は接触がないが、感性は似ているところが気になる。

筆坂 ですから、政界再編の議論をしましたが、じゃあ今、民主党は政界再編をしなきゃ政権を取れないかというと、そんなことはないと思う。孫子の兵法「風林火山」ですよ。「動かざること山の如し」でいかないとね。

民主党に注文する

平野 それと僕は、民主党の足らざるところへの注文があるんですよ。さっき情報化社会という話をしましたが、その時代にふさわしい新しい価値観を創造していく必要があると思うんです。

それは何かと言うと、所有欲求、存在欲求、これはなくならないし、そうでなければ発展もない。同時に、縄文時代から人間は社会的動物であるというので共生欲求も持ってきた。この三つを調整した価値観ですね。

もともと縄文時代は共生社会だった。それが弥生になって私有財産と世襲によって権力社会になっていくんです。そこからさまざまな歪《ひず》み、矛盾も発生してきた。それで人間の欲望を抑えるため出てきたのが仏教であり、キリスト教であり、儒教です。

筆坂　社会主義の思想もキリスト教などの影響を受けていますからね。

平野　マルクスは「資本論」で、「人間の商品化、商品の人間化が資本主義の特徴」だと言いましたが、言ってみれば「人間の情報化、情報の人間化」が現代の資本主義の特徴なんですよ。小沢は持っていますが、民主党全体には、こういう歴史認識がないんですよ。

このことも関連して、いまの民主党は、「自立と共生」という理念は持っていますし、個別政策も持っている、ただその間にあるべき基本政策を打ち出せていないんです。

僕の考えでは、一つは、地球環境保全が市場経済論理よりも上位にあることを明確にすること。二つは、基礎的社会保障とか教育など公共サービスを整理したうえで、公正自由な市場経済社会というような基本的な考え方を確立すること。三つ目に、国連を中心にした平和の維持。四つ目に、食糧の自給率とエネルギーの確保でしょうね。

財源は、一般会計はもちろん、特別会計、独立行政法人の無駄を徹底的に究明すれば、二〇兆円や三〇兆円の財源確保は容易にできますから。

筆坂　なかなか説得力がありますね。僕なんか、それを打ち出せば民主党にとって力になると思いますがね。党内が必ずしも一枚岩じゃないから難しいんですかね。

平野　それはありますね。しかし、徐々に収斂していくと思いますよ。

村上　それとね、あのなんとかパパをびしっと除名にしなきゃ。あんな者を置いてたら、民主党自体が侮《あなど》られますよ。

筆坂 報道を見るとまるで賭けゴルフを業としているみたいだものね。

平野 おっしゃる通りです。私もそう思います。

筆坂 不倫姫はどうするの（笑）。暴露する男も男だと思うけど。

平野 姫の問題は完全にプライバシーだから。今の日本、あれぐらいのバイタリティとキャラクターがないと這い上がってこられないですよ（笑）。岡山は、歴史的にみても男より女の方が強くて、頭が良い。立派とまでは言わんけど。

村上 この選挙の主戦場は岡山でしたからね。片山を見事に仕とめた功績は一番でしょう。

力勝負、血みどろの戦い必至の次期総選挙

筆坂 次の解散総選挙ですが、自民党としてはできるだけ先延ばししたいが、それにも限界がある。半年以内には必ず総選挙になりますよ。ところが前回郵政民営化選挙で自民党は勝ち過ぎた。ですから必ず減らします。

村上 減らしますね。

筆坂 問題はどこまで減らすかですよ。今自民党が三〇六議席、公明党が三一議席ですから、野党からすれば自公の議席を一〇〇ぐらい減らさなきゃ、過半数はとれないということです。

平野　だから民主党は、小選挙区で一五〇議席を目標にしてますね。前回は小選挙区が五二議席だったから、ここで半分抑えれば過半数に到達するという読みですね。当然、こうなれば比例も増えるし、野党との協力もありますからね。

一五〇に重点区を絞ってやるにしても、野党との選挙協力が不可欠になってきますね。

筆坂　共産党が今度画期的な選挙方針を決めたでしょう。参議院の比例票で八％未満のところは候補者を立てない、ただし一つの県で一人は立てる、という。大体、立てるのは一三〇選挙区になるらしい。一七〇選挙区では立てない。じゃあ、この票は自民党か、民主党か、白票ないし棄権か、という三択になるわけです。普通に考えれば、この票のかなりの部分は民主党に流れる、と僕は思うんですよ。

平野　流れますが、しかし僕は民主党が余程しっかりしとかないかんと思うんです。この間の参議院選挙は、有権者は二大政党を選んだわけじゃないんですよ。それを錯覚してるんですよ、残念ながら。小沢は錯覚してませんよ。厳しいと言ってますよ。若い連中が錯覚してる。自民党にお灸を据えたというのとも違うんですが、要するにこんな政治をさせちゃいかんというのが、それこそ右翼から自民党の健全保守まで民主党に入れたわけで、この票は簡単に自民党に戻るかもわからんのよ。

要するに民主党なり他の野党がそれに対して柔軟なネットワークといいますか、丁重な扱いをすれば、新しい一種の政治勢力を創出できるわけなんですよ。そういう発想を民主党ができるかできないかということが鍵なんですよ。複雑な問題があるのに勝ったと錯覚してるととんでもないことになる。

小沢はこの間も怒ってましたよ。自分の気持ちがわかっとらん、と言ってね。ただ、この前、小沢ら一〇人ぐらいと一緒に居酒屋で飲みましたら、いつもは歌を唄うときは鶴田浩二の「何から何まで真っ暗闇よ」だったのが、この前は「南部牛追唄」を唄いましたよ、みんなのいる前で。他のお客さんもおる前で。

筆坂 「私も変わる」というのが小沢さんの公約だったからね(笑)。

平野 ええ。変わりましたなあ。それで私が間違えて「南部馬追唄」って言ったら、怒ってね。「馬じゃなくて牛だ」という。「あんた午年《うまどし》じゃないか」と言っといたんだけどね。こんなこと絶対する男じゃなかった。シャイな男だったですよ。人前ですよ、居酒屋ですから。他のお客さんもいる前でね。楽しそうに、あれ初めて見ましたな。

筆坂 その話を聞くと、小沢さんは「文字通り最後の戦い」と言ってましたが、逆に容易ならざる決意、執念を感じますね。

平野 自民党が過半数をとるかどうか、公明党の問題がありますよね。非常に微妙ですよ。

筆坂 参議院選挙後、朝日新聞の世論調査で公明党の支持率が一パーセントに落ち込んだことがあるんですよね。僕も驚いた。それと自公の矛盾がある。いま衆議院だけだったら自民党単独でも過半数を持っている。他方、参議院では自公で過半数に達しない。もちろん先々のこともあるので単純ではないが、自公連立の意味は小さくなっている。自民党にとっては、本来の保守票を逃しているだけかもしれないですから。

平野　公明党側からいっても、比例で一〇〇万票減らしたでしょ。自民党が入れてくれなかったからですよ。それから逆に公明党が自民党に選挙区で票を入れようとしても、末端の創価学会員が言うことを聞かなくなってきてる。

筆坂　なかなか僕は自公の関係っていうのは微妙だと思いますよ。

共産党選挙方針の革命的変化と内情

筆坂　共産党の画期的な選挙方針の転換についてなんですが、前々回までは三〇〇小選挙区の全区に候補者を立ててきた。前回は若干絞ったがそれでも二七五選挙区に立てた。その結果、供託金を約七億円も没収されてしまった。もう財政的にもたなくなったんですね。私も共産党の苦しい財政事情は熟知していますから、よくわかります。

ただね、共産党らしいんだよね。金がもたないからもう全区には立てないというわけでしょう。後ろ向きなんですよ。要するに追い詰められて苦肉の策ということですから。そうじゃなくて、自公政権を倒すということを前面に掲げるとかの前向きな立場を出してほしかったですね。攻撃の材料にされるので、民主党は乗らないかも知れませんが、それにしてももっと攻勢的なものにする方法はあったと思うんですがねえ。

共産党にとって全区立候補方針というのは、革命政党としての建前、証だったんですよ。社会主義革命を起こそうっていう政党が、全国津々浦々で候補者も立てられないようでは革命政党たり得ないというわけです。この方針を変更したということは、本来なら革命政党の看板を下ろすぐらい大変なことなんですよ、ほんとは。

平野 「革命的」な方針転換じゃない（笑）。

筆坂 実質的に革命政党の看板を下ろしちゃったことが革命的という意味ね（笑）。そうすりゃ共産党の動向は今後の焦点になる。マスコミからも注目浴びますよ。今だったら共産党なんかもうどっち行ったって大したことない、というんで無視されてるじゃないですか。

村上 いや、そうしなきゃ。この前もテレビ討論会で自民党の大島（国対委員長）から、偉そうに言うけど共産党だって今度の参議院で国民に受け入れられてないんだよ、と軽く言われてるわけだよ。

筆坂 それはその通りだもんね。

村上 そしたら共産党の何とか言うのが、「いや、前回よりは票は何十万票増えた」と切り返してたけどさ。票が増えるのは当たり前だよね、投票率が上がってるんだから（笑）。

平野　筆さん、まだいたかな、記憶ないかな。平成十六年（〇四年）の総予算の参議院で本会議を通すときに、時間長いでしょ。

筆坂　俺いないもん、もう（笑）。

平野　あ、そうか。時間長いときに角田（義一）が、角田と私の席だけ共産党のブロックにあったのよ。角田が退屈して、「平野君、おまえは小沢一郎の知恵袋だっていうけどたいしたことない。どうして野党を統一する知恵を考えないのか。せめて参議院でも」とこう冗談半分で言ってくるわけよ。「いや、アイデアあるけどなかなか難しいんだ」と言ったら、「アイデアを言え」って言うわけよ。「いや、言うたら怒られるから言わん」と言ったら、「そんなこと言わずに言え」って言うわけでね、後ろから。それで私は大きな声で「それは民主党も社民党もそれから仲間の無所属も全員共産党に入党すりゃいい」って言ったわけよ。そうしたら市田書記局長が怒ってね。「平野さん、ここは本会議場ですよ。冗談言わないでください」って（笑）。そうしたら角田が「そりゃあいい案だけど、おまえなんか入れてくれるかどうかわからんぞ」って（笑）。

筆坂　みんな入れてもらえないね（笑）。でも今共産党が注目を浴びるためにはそれしかないと思う、はっきり言って。

村上　そうすると自公もまたさらに危機意識を持つんですよ。
筆坂　持ちますよね。絶対そうだと思う。
平野　だいたい公明党が支持してる票ぐらいあるでしょ。
筆坂　そうそう、だってそうは言っても全国で四五〇万票程度獲得するわけだからね。
村上　それは大きいですよ。
平野　小沢は当選同期の不破と仲いいからね。私は好きな方でないが（笑）。
　高知の西部の責任者が平成十六年（〇四年）の秋に僕に言いましたよ。もう高知三区に候補者を立てるのは嫌だって。
　ところでこの前の参議院選挙ですけど、高知ではものすごく複雑で面白い現象が出てるんですよ。政権交代をするには、政治家、国会議員側の政党側の認識、意識と、有権者側の投票する意識とのズレがあっちゃいかんわけですよ。ところがこれまでは、上部構造の政治家だけが妙にハッスルして政権交代せにゃいかんと言うし、それから妙にハッスルして絶対させないという戦いだったわけですよね。有権者、自公とも政権交代論が多かった。
村上　永田町のね。
平野　ええ、永田町の戦いだったんですよ。今度の選挙では、有権者のほうが政治家よりずっと敏感に感じてるんですよ。

村上　高知だけじゃなく全体に言えることじゃないかな。

平野　それはどういうことかというと、政党というものはいったい何だと、政治家というものはいったい何だということ、これを与野党にわたって問いかけてるんですよ。

どんなことがあったかといいますと、高知の民主党は勝てるはずがないんですよ。一年前に衆議院議員が選挙違反で責任取って辞めて、その後私が雇われマダムで県連代表をやってたわけですから。公認候補つくるのが精一杯だった。小沢も絶対に勝てないという診断をしてた。

そこでどういうことが起こったかというと、なんと右翼が応援してくれた。

村上　（笑）それはあなたがジョン万次郎に見えたからでしょう。

平野　（笑）それから新社会党なんかも小沢政権をつくらないかんと言う。それから最後は共産党員まで協力してくれた。要するに民主党が勝ったんじゃないんですよ。政党はこれからもいろいろ存在していくんだろうけど、政党の垣根を取り払う、あるいは政党の壁を低く柔軟にすることによって勝てたんですよ。

筆坂　さすが高知の共産党は開明的で進んでますね。

平野　それと共産党についてもう一つ興味深い話があるんですよ。

共産党のある赤旗記者から、僕に会いたいとしつこく電話がありましてね、会ったんですよ。どうも新しい選挙方針について平野はどう考えているかを知りたかったようなんですよ。だから僕はね、「不破はいつまでやっているんだ、志位が可哀相だ。党名を変えるぐらいのことをしなきゃ駄目だ」と言った。そうするとその男が言うのには、「違うんです。不破にはもうその腹がある。志位がそれができないんです」と言う。筆さん、どう思う。

筆坂 十分にあり得る話ですね。今度の選挙方針の革命的転換もおそらく不破さんの決断とリーダーシップでしょう。志位、市田ラインでできることではない。

平野 それでね、僕はわかった。ははん、これは不破のエージェントだなと。そこでこんなことを言っておきました。「どの国でも民衆が選挙をやって正当で、適切な政権を選べるわけがない。どの国でもデモクラシーを背後で担保する人間の集団、機関がある。日本にはそれがないのが悲劇なんだ。私の経験から言うとまだ共産党にはデモクラシーの原点を担う、きれいさが残っている。だから民主主義を担保する役割を果たせば良い。それには衆議院で一〇議席もあれば十分だ。党名を変えなくてもいいから、そういうことに徹して今度の総選挙をやらないと駄目じゃないか。もう革命がどうのと言っている時代ではないんだから」とね。

筆坂 ずいぶんリップサービスしましたね（笑）。しかし、共産党が平野さんの意見を聞きに来るというのが、なかなか意味深長ですね。実態から言えば、党名変更は不可避でしょうね。まあ、また、キャンキャン騒がれるとうざったいのでこれぐらいにしときましょう（笑）。

剛腕・小沢の復活を

村上　あらためて思うのは政治とカネの問題だね。竹下内閣しかり、宮澤内閣だって政治改革もあるけど、やはり根底には金丸事件やゼネコン汚職などがあった。そこに国民の批判が向かって選挙結果としてあらわれる。その細川政権からして佐川急便からの金が命取りになった。やっぱり国民が一番批判するのは、その政権が腐っていることなんですよ。腐ってるからぶっ倒れる。

安倍政権だってそうでしょう。本人の心身共の虚弱さやテロ特措法もあり、年金もあったが、閣僚の政治資金スキャンダルが響いた。そしていま政権交代の一つの流れができてきている。

福田政権になったけど自民党に勝てる要素は、私はないと思う。こういうときは攻めが強いんです。小沢は壊し屋だといわれるけど、攻めに強い。守りはどうも不得手のようだ。僕もそうだったたからよくわかる。たたき壊していく攻めは強いです。今、自民党は必ず小沢の餌食になると、私は思う。ということは政権交代可能だっていうこと。可能になる下地はもう今たくさんできあがってきてるって。

平野　しかし民主党にも人がいない（笑）。

村上　いないが、しかし自民党も民主党もいないなりに五分なんだから。小沢という壊し屋が一人いるわけだから、ガキ大将がそれいけ、それいけって。小沢は寡黙だが、カリスマ性を感じさせる重みもある。それに修羅場を潜って来た強さがある。随分乱暴なこともやってきたよ。

平野 やってきた。

村上 総理候補を呼びつけてさ、面接してみたり。こんなこと誰がやる、小沢だけだよ。

平野 だいぶ誤解がある。呼びつけではない。

筆坂 一九九一年(平成三年)、宮澤喜一、渡辺美智雄、三塚博の三人を呼びつけて面接試験をやった。前代未聞だね。テロ特措法の延長問題をめぐっては、シーファー駐日アメリカ大使と公開の席で話し合って反対論を堂々とぶち上げた。これまでならアメリカ大使の前で小さくなっていたのが日本の政治家の姿だった。拍手喝采を送った国民も多かったと思う。筋が通っているもの。

村上 ああいう発想は自分で考えるかどうか知らないがすごいね。あれは自民党の中にはない発想ですよ。主権国家の政治家のプライドを示した。立派だ。私もかつて、台湾の台北で陳水扁氏が次期総統に決まった際、日本の政治家として最初に会談した。その折、一〇〇名程のマスコミからの取材を公開で行った。これには民進党幹部も驚いていた。

政権交代というのはある日突然起こるんじゃなくて、着々と準備が進められてはじめて実現するものだと思う。そのためには風林火山じゃないが、先々まで見通し、考え抜いた戦略を立てられる山本勘助のような軍師が必要だ。その上で踊れる役者がいなきゃならない。小沢はどちらかといえば軍師タイプだ。しかし今だと軍師でありながら、踊る役もしなければならない。この点では民主党は役者が多少不足してると思う。やれ菅だ、やれ鳩山だ、やれ前原だと言ってるが、全然私は役者不足だと思うよ。

筆坂　僕は最近鳩山がすごく良くなったと思う。記者会見でも無駄な言葉が少ないし、簡にして要を得ている。岡田克也も良い。若いが原口一博もすごく成長していると思う。もちろん役者不足は否めないが。ただそれを嘆いても始まらない。村上さんが言うように自民党はもっと人材不足だ。だから福田が出てきた。こういうときに大事なことは、相手の作戦に乗らず、党内が団結して粛々と正攻法で攻め立てていくことだ。

村上　でも小沢さんは苦労してると思うよ。

筆坂　僕も大変だとは思う。

村上　しかし小沢には自民党から政権をもぎとった実績がある。「薩長連合」によって一五代続き盤石だった自民党政権を倒したんだから。小沢はその立役者ですから。西郷隆盛役を演じたのか、誰を演じたのか知らないが、言うならば徳川幕府をぶっ倒したんだよ。徳川幕府も一五代続いたが、奇しくも宮澤さんは自民党の第一五代総裁だった。これをぶっ潰した原動力は小沢なんだから。自民党は、その後、社会党に総理の座を渡してまでして政権を取り戻すが、ついに単独政権は宮澤内閣が最後になった。皮肉なことだが、自分で作った宮澤内閣を、小沢は自分で潰した。

薩長連合が明治維新で徳川幕府を倒すには、そこのけそこのけというので錦の御旗があった。しかし小沢は自民党をぶっ潰したときには旗はないんだから。そのときにはじめから官軍として細川を担いでいたわけではないんだから。そのときは高杉晋作じゃないが、百姓を軍隊の正規軍に入れ込んだ奇兵隊だけを駆使して戦ってきたという感じですよね。

平野 楠木正成みたいなもんで、わら人形ばっかりを並べて。私ら脚本を書く立場から言えばね。

村上 そうでしょ。あの人はそういう経験を持った歴戦の雄なんだからね。僕は小沢はそれをやれる指導者だと思ってる。小沢の戦略は奔放だよ。参院選で勝ちすぎて、どこか驕りがにおう。正攻法で時間をかけるより、どこかに政権への近道がないかと探り、更なる功を焦って奇策に出るのではないか。自民党には、今これに太刀打ちできる人物はいないんだよ。

筆坂 村上さんの意見に大きな異論はないが、ただ細川政権誕生の裏には、リクルート事件、金丸事件、湾岸戦争、冷戦終結など、自民党政治のゆきづまりや国際情勢の劇的な変化があった。「政治改革」というのは十分に錦の御旗になったと思う。

共産党流の言い方になるんだが（笑）、私は「歴史の必然」のようなものを感じるんです。どちらも一五代で終わったというのは単なる偶然ではないと思う。徳川幕府がなぜ倒れたのかといえば、欧米では資本主義が勃興し、通商交易が盛んになる。蒸気機関も発明されるなど近代化が猛烈な勢いで進んだ時期です。幕藩体制、鎖国というシステムでは対応できなくなっていた。ここに最大の原因があった。ここで活躍したのが、平野さんの故郷土佐清水出身のジョン万次郎ですよ。

自民党単独政権の終焉もやはり一緒です。五五年体制以降、細川政権ができるまで自民党の単独政権が四〇年も続いてきた。そりゃ膿もたまりますよ。金権腐敗はその最たるものの一つです。これじゃまるで社会主義国の一党独裁のようなものだ。

細川政権の意義というのは、いわば政権交代の第一幕でとりあえず自民党の単独政権だけは壊した。今第二幕が始まろうとしている、ということではないですか。

村上　というのは小泉が郵政解散してつくり上げたあの力というのは、本物の力じゃなかったんだよね。もうほんとバブルで。

筆坂　小泉でも単独政権を取り戻すことはできなかったんです。

小沢さんはこれからが本格勝負ですよ。民主党には小細工を弄してほしくはない。正面から正々堂々と正攻法で攻めてほしい。参議院の多数を背景にして国政調査権であるとか問責決議であるとか、こういうものをその時々に有効に活用して。

村上　慌てずにね。

衆議院で三分の二以上での再議決を潰す方法はある

平野　それと、僕のこれはまさしく専門フィールドで、ちょっと考えてることなんですが、現在の憲法、国会法、両院の規則っていうのは猛烈に欠陥がありまして、面白い問題があるんですよ。そこを駆使すれば、テロ特措法を衆議院で再議決して成立させるっていう自民党のねらいを阻止する方法があるんですよ。

村上　引っ張る？

平野　いや、引っ張らない。逆に急がす。「米軍などに給油はしない」という法案を出して、参議院で急いで可決して衆議院に送るんですよ。ご存知のように「一事不再議の原則」というのがある。一国会で一つの院に、二つの意思はないわけです。だから衆議院が給油をするという政府案を参議院に送ってきても、もう給油はしないという結論を参議院は出してるわけですから、審議しようがない。それは技術的に言うと決議不要の宣告になるんですよ。再議決っていうのは、参議院が衆議院の議決と異なった議決をしたときに起こるんです。決議不要の宣告をすれば議決じゃないんですよ。したがって直ちに再議決できないということになる。あとは六〇日条項を使って再議決するしかないんですよ。しかし、これだと遅れに遅れますからね。

筆坂　憲法五九条四項で、衆議院が参議院に法案を送ってから、六〇日以内に参議院が議決しない時は否決したとみなして、衆議院で再議決が可能になるとしていますからね。これしか使えなくなる、というわけですね。なるほど悪知恵が働く（笑）。

平野　議事法規については憲法学者などより私ははるかに専門家ですから。

村上　だからね、そもそもアメリカとの関係を見直していかなきゃならんっていうことですよ。もうそういうところへ来てるっていうことですね、経済もそうです。

筆坂　僕もアメリカとの関係をほんとうに見直していかないといけないと思う。安倍は「主張する外交」と言ったけど、アメリカには主張されっぱなしで、何も主張できなかった。主張することは反米でも何でもありませんからね。むしろ良い関係を築くためにも主張することが大事なんです。

平野　私は東京新聞のインタビューでもそのことを言ったんです。小沢こそ真の親米家だって。

筆坂　反米になる必要はまったくない。親米でいいんですよ。対等な関係さえ築けば。それと今大事なのは、テロ対策はどうあるべきかを原点に戻って議論することです。この点、小沢さんも十分考えているようですね。小沢さんは、国連決議さえあればアフガンに派遣されているＩＳＡＦ（国際治安支援部隊）のようなものに、自衛隊を派遣することはありうると言っていますが、だからと言って今のＩＳＡＦのあり方を全面的に肯定しているわけではないですよね。

平野　そうです。やっぱりテロ対策の基本は、貧困や差別の一掃であり、警察活動、治安活動ですから。アフガンで中村哲医師がもう二〇年近く、井戸を掘ったり、医療活動に従事していますが、こういう活動に日本はもっと力を注ぐ必要があるんです。アメリカの言いなりでは、結局、軍事だけなんです。しかも成功していない。大失敗しています。だから真剣にテロ対策を考えるなら、アメリカの言うことを絶対化するというのは無責任の極みなんです。

村上　言うべきことを言うことこそ、同盟国としての責任ですよ。人間関係も同様です。いつでもイエスしか言わない人は良き人とは言えませんよ。

幹部官僚はこんな汚い抵抗をする

平野　政権交代の障害になっているのが官僚機構です。防衛省の守屋前事務次官を見ればわかるでしょう。

村上　アメリカなんかは、政権交代があれば官庁の課長クラスまで全部替わるわけでしょ。これは族議員と官僚の癒着を断つうえでも有効なんですよ。それでほんとの意味の政権交代なんですね。もちろん官僚には、優秀な人材が揃ってますよ。その官僚の知恵を、みずからの政策・公約実現のために使いこなす力を持った政治家、政権でないと政権交代の意味がないんです。

平野　そうそう、それが本当の官僚主義の弊害を打ち破ることなんです。自民党政権は、みんな結局は官僚に使われている。小泉がやった郵政民営化だって、アメリカの要求であると同時に、財務省の要求でもあったわけですから。財務官僚に乗っかってやったにすぎないんです。

村上　小泉さんは、もともと大蔵族議員ですからね。

平野　官僚の政治的中立ということが言われますが、実態がどんなものか、細川政権が出来た時の官僚の対応を一つの例として紹介しましょう。

細川連立政権ができて数週間経った時、当時の厚生省事務次官の古川（貞二郎）さんと官房長の岡光序治さんが私の議員会館に来て、原爆被爆者援護法を「潰して欲しい」と言ってきた。被爆者援護法は、当時、政権与党で政策合意してたんですよ。そして新生党の政策の窓口が私だったもんだから、「潰してくれ」と言いに来たわけです。しかも、「潰してくれたらあなたの厚生省への陳情を全部聞く。それから厚生利権も世話する」、こういうことを事務次官と官房長が言うんですよ。私はもちろん、「そんなことはできん」と言ったけど、多少影響受けちゃってねえ、各党政策協議のときにあまり積極的に発言せんもんだから、「平野さんはこの問題に関心が強いはずなのに、何も言わんのは何かあるんですか」って疑念をもたれてしまいましたよ（笑）。

そうこうする内に羽田政権がつぶれて、自社さ村山政権ができたときに、広島から出ていた社会党の森井忠良と厚生省の古川、岡光が組んで被爆者援護法を制定するんですよ。私に要請してきたことと、正反対のことを平気でするんですからね、これだけでも官僚というのは、食えない人種だということがおわかりでしょう。

しかも悪知恵が働く。この法律ではわざと穴をあけていたんです。というのは被爆者として認定するのを厚生大臣とせずに、都道府県知事にしてた。そうすると外国にいる被爆者が対象にならんわけよ、知事だから。それで裁判になり、大阪地裁が違憲判決を出したため、その後、改めた。官僚っていうのはそれだけずるいんですよ。岡光は、その後、汚職で捕まったけどね。

筆坂 古川は内閣官房副長官になって内閣官房機密費をあやつることになる。

平野 彼らが小泉純一郎、橋本龍太郎、丹羽雄哉らの厚生省の利権癒着の仕組みを作ったんですよ。この利権構造は岡光が作る。私がなんで知ってるかっていったら、消費税の導入時に公明党を説得するため、竹下首相に言われて私が「人間的福祉社会のあり方について」という論文を書いたんです。それを大蔵省主計局総務課長の中島義雄、例の「ノーパンしゃぶしゃぶ」と、厚生省保険局総務課長だった岡光が政策化した。そして老人ホームとか介護施設の設備、消耗品なんかを入れる団体をつくった、岡光が。その利権を橋龍、小泉、丹羽、こういう連中に分けるような仕組みを作ったんです。消費税を成立させるため公明党と密約してゴールドプラン用に四〇〇〇億円を平成元年度で予算化した。その時の大蔵大臣が橋本龍太郎、厚生大臣が小泉純一郎だ。厚生族の利権はかくして拡充していくわけです。

だから厚生官僚はそうやって政治家をがんじがらめにする。社保庁の長官をやった人間がどこへどうやって天下ろうと、何をしようと、官僚に何も言えない。チェックできない。その挙《あげ》句《く》が年金のこのざまなんですよ。しかもこうした仕掛けは各省にあるわけですよ。

筆坂　その団体というのは、日本病院寝具協会じゃない。病院寝具政治連盟まで作っていた。その中核になっていたワタキューセイモアという会社から橋龍や小泉に政治献金がなされていたことを、私自身、国会で追及したことがありますよ。

だから小泉政権のもとでも、平野さんが指摘したような官僚機構との癒着は何も変わってないということなんです。「構造改革」というのであれば、ここに手をつけないとね。

平野　これは官僚の教育、人間、だいたい公務員試験通る人間っていうのは、私的なことをいかに公の理屈で説得していくかという教育しか受けないからね。東大法学部というのは、そういうところなんですよ（笑）。

村上　そうそう、ほんとね。

筆坂　教育の仕方だけではないでしょう。政治家の責任も大きいですよ。その官僚に操られてしまうんだから。

村上　だからやっぱり政権交代が必要なんですよ。

平野　もちろん、それはそうなんですが、私は公務員試験の中に般若心経とか論語の試験とかを入れるぐらいの改革が必要だと思っています。司法試験、公務員試験をね。官僚は偉そうなことを言うけど、結局は権力のためにどうやって私事を公で理屈づけるかという能力ばっかり養っているんです。

村上 それが官僚機構の文化になっているわけだ。志をもってそこに入るとどんな優秀な人間でもその文化に飲み込まれ、埋没していくわけですね。

筆坂 官僚機構を変えるっていうのは、一種の革命的な仕事ですよね。

平野 だから私らでもそういうことに従順だったら、もっと出世したかもわからんけどね。そういうことに反発ばっかりしてたもんですからね。

公務員攻撃をするだけでは駄目。まず政治家が鏡になれ

村上 僕はこの前ある自民党参議院議員に言ったの。だいたい行革担当大臣の渡辺喜美が出てきて、安倍の実績づくりのために何が何でも天下り規制法案をつくるというので、参議院本会議に中間報告させるという禁じ手まで使って、強行採決をした。こういうことをやってはいかん、とね。これは官邸の言いなりになった国対委員長の矢野哲朗の責任ですよ。その結果、参院選では、仲間が死屍累々で屍をさらしたにもかかわらず、お呼びのかからない大臣就任を首を長くして待っているという醜態をさらした。こういう時は、みずから身を退くものだと。

それはともかく、その議員は矢野に、強行採決はやるべきじゃないと忠告したと言うんです。なぜなら公務員のあり方について、もう少し議論を深めるべきだ。何でもかんでも、一方的に役人が悪い、役人が悪い、天下りいかん、いかんと言うけど、もっと冷静な議論が必要ではないのか。日本の官僚や公務員の優秀さだってある。そういうことにも目を配るべきではないのか、と言ったそうです。

筆坂 公務員イコール悪という単純な構図には気をつけないとね。大体、そういう単純なキャンペーンがやられる時というのは裏があるんです。公務員改革に手をつけました、次は保険料値上げです、消費税増税です、というようにね。

平野 亀井静香さんが建設大臣をやっているころ、僕ら自自連合で仲良くしてたんですが、僕が建設委員会で亀井さんに、何でもかんでも公務員が悪いなどと、公務員いじめするな、と質問したことがあるんですよ。僕も衆議院職員でしたから、僕らが公務員をやってるころは、四人家族で一人重病患者が出たら生活保護申請したら通るような状況だった。それほど昭和三十年代、四十年代は月給が低かったから苦労した。そういう話をしたんです。

そしたら亀井さんが、「平野さん、いいこと言ってくれた。私は警察学校の教師をやってるころ、若い警察官は他の女とやれんから早く結婚する。ひと月に三、四人も結婚式を挙げると祝儀だけでも一〇万円位吹っ飛んだ。自分らの生活も大変だった」という答弁をしたんですよ。

そうしたら当時新進党の広中和歌子が、亀井さんの「若い警察官は他の女とやれん」という答弁にひっかかって、賛成の法案に反対すると言い出してね。それをなだめるのに往生した。言い直して謝ってね（笑）。

でも実際、我々の世代の公務員っていうのはそうですよ。だから我々の世代というのは、辞めた後の天下りでどうやって食っていくかっていうことばっかり計算してた。公務員にもそういう時代があったんですよ。私はそんなこと考えなかったですけどね。

筆坂 やっぱり政治家がほんとに国民のために奉仕するという姿勢を貫いておけば、それはおのずと公務員だって、たとえば市役所でいえば市長が代われば、それは公務員だっておのずと変わってきますよね。ところが信賞必罰の信賞、つまり手柄のあったものは必ず賞を与える方はやるんだが、必罰の方はやってないケースがある。要は、厳正にということですね。

村上 大臣になったら官房長を呼んで、「おい、少し金を捻出しろよ。俺のあちこちでの飲み代ぐらいはつくれよ」なんて言うようじゃ、政治家は官僚に馬鹿にされますよ（笑）。

筆坂 そういうのがいるんだ。

村上 いますよ（笑）。それで役人は苦労してる。そういう官房長の愚痴を何度も聞いたよ。だから裏金づくり。大臣のためにつくらなきゃならなかったんだよ。大臣があちこちで夜飲んでる、そんなの表向きは出せないんだから。裏金づくりは地方の役所ばかりがクローズアップされているが、そうじゃないんだよ。

それと機密費もあるね。

平野 機密費は裏金というより、まともに使うか、裏金として渡すか、使い方ですよね。

村上 中川秀直が自分の女性問題の尻拭いに、官房機密費を使ったと言われてるわけでしょう。事実はどうか知らんが、この疑惑についてまだ説明責任は果たされてないわけでしょう。

筆坂 当時は、官房機密費を取り扱う責任者の内閣官房長官だもんね。

村上 大体ねえ、政治家の特権が多すぎる。車に衆議院や参議院のステッカーを貼れば、ホテルや飛行場などどこへ行っても特別扱いだ。飛行機に乗るときもＶＩＰルームに入って、手荷物検査も受けずに搭乗する。一般の乗客から見ていても感じ悪いですよ。何故その必要があるのか。

平野 そうそう。私だっていまでもＶＩＰ扱いをしてくれますが、そういう特別扱いは嫌ですから、普通に検査されて搭乗することにしている。ところが、参議院選挙で当選したばかりの若い議員が偉そうにＶＩＰ扱いで横からぴゅっと乗っていくわけよ。「一〇〇年早い」と怒鳴りつけたくなったね。

この前も神楽坂でタクシーを拾うため、坂を下りて行った。するとあの狭い坂道に参議院のステッカー付けた車が一〇台位並んでいた。乗るのを見ていると民主党の若手ですよ。近くのスナックに集まっていたようなんですが、それが恥ずかしいことだという気持ちがない。道だってそれだけ狭くなる。私たちはそんなことしなかったよ。

村上 「実るほど首《こうべ》を垂《た》れる稲穂かな」と言うじゃないですか。

平野 そうです。私などは役職が付けば付くほど一般客と同じにしてもらった。

村上 それと警備です。閣僚、政党役員に、みんなSP（セキュリティポリス）がついて警備している。狙われるような人物がいますか。過剰警備だ。私は経験者としてはっきり言えるが、必要なのは総理大臣ぐらいだ。そもそも政治家なら凶弾に倒れるぐらいの覚悟でやれ、と言いたい。

筆坂 大臣と言っても僕だって顔と名前が一致しないからね。SPが付いているから大臣なのかなあ、と思うぐらいだ。かえって危険なぐらいだ（笑）。僕なんか、地方出張の際、党の方から警備をつけようかと言われたら断ったよ。行動を監視されちゃうから（笑）。

村上 秘書の増員、政党助成金、超一流国でもないのに超一流以上の総理官邸、議員宿舎、議員会館の新築。贅沢《ぜいたく》のし放題になっている。議員の特権をなくして、議員予算の削減をやるべきだ。まずは議員数の大幅な削減です。政治改革こそ最優先の改革です。喫緊の課題ですよ。

平野・筆坂 賛成だ。

内閣官房機密費は福田内閣の弱点

筆坂　官房機密費と呼んでいますが、正式には内閣官房報償費です。ほぼ年間一五億円程度です。これと外務省にも報償費というのがあって、今は年間三〇億円程度ですが、かつては五〇億円を超えていたんですよね。なぜ報償費を機密費と言うかと言えば、「機動的に使用する経費」ということで、使用先の証明、使用目的の公開が不要になっているからなんです。

外務省がなぜ多いかと言えば、一つには在外公館が色んな国との情報交換や情報収集、外国の賓客の接待などに使うからなんです。それが出鱈目《でたらめ》な使い方になっていることは、外務省要人外国訪問支援室長だった人物が巨額の横領をしていた事件や鈴木宗男議員への執拗な追及によって明らかになっていますよね。もう一つは、実は外務省が内閣官房に上納する仕組みになってきたからなんですよ。以前は表向きの内閣官房機密費は約一五億円だった。しかし外務省機密費約五〇億円の中から二〇億円を内閣官房に上納することになっていた。

福田現総理は、官房長官時代、上納を否定していたが、最近の外務省機密費を調べてみたら、ピッタリ二〇億円減額されて三〇億円になっている。語るに落ちた話で、間違いなく上納されていたということですよ。なぜ二〇億円も減ったのか、その理由を野党は問いただすべきです。

これを野党対策や飲み食い、女の尻拭いは知らんけど、ともかく使ってはならないところに使いまくってきた。

村上　国会議員の呆れた特権だけじゃない。官邸の呆れた特権って言わなきゃいかんね。

平野　あの厚生事務次官だった古川貞二郎が、その後内閣官房副長官になって、機密費を仕切っていた。内閣参事官の頃のメモが国会で暴露されたよね。

筆坂　そう共産党の志位さんがさっき言った機密費の仕掛けを衆議院予算委員会で暴露した。古川が書いた文書があるんですから。ところが当時、小泉内閣の官房長官だった福田は、必死になって否定するもんだから、僕は、参議院予算委員会で筆跡鑑定書まで提出して、間違いなく古川官房副長官が書いた文書だというので追及した。

平野　外務省から上納する仕組みをつくる契機になったのは、昭和四〇年（一九六五年）の佐藤内閣の時ですよ。私はその時に副議長秘書をやっておりまして、国会対策のための金を官房副長官だった竹下登さんにもらいに行ったわけ。当時、金丸信さんが議院運営委員会の理事をやってて、私のところに二〇万出してくれ、三〇万出してくれと来るわけですよ。そのときに内閣機密費を増やしたんだが、まだ足りないっていうんで外務省の機密費を上納させたわけです。

その時の大蔵省の外務省予算の主査が藤井裕久（現民主党衆議院議員）で、外相の椎名悦三郎と大蔵大臣の福田赳夫が喧嘩する現場にいるわけよ（笑）。外務省の機密費を異常に増やせないというので予算編成が年を越してしまうわけよ。佐藤栄作が怒って日記に書いてますよ。

だから共産党が指摘した外務省機密費の内閣への上納はまともな話なんです。本来は官房機密費を増やしたかったが、あまり増やすと批判が出るので、その分を外務省機密費にいったんはすべりこませ、それを後で官邸に上納させるという仕組みを作ったんですよ。加藤紘一なんて官房長官時代に、地元の芋煮会の会費まで官房機密費から出しているんだもんね（笑）。

筆坂　加藤紘一って使途を全部つけてたんだよね。その現物を赤旗の記者が手に入れた。

平野　そうそう、コピーしたもの。

筆坂　いやいやコピーじゃない、現物ですよ。僕はその出納帳の現物を見せてもらったから。

平野　現物を？

筆坂　そう。その記者もなかなかなもんで、最初我々に見せないの。不破議長にだけは現物見せてるわけ。そして僕に言うわけよ。「筆さん、僕現物持ってるけど、志位さんには言わないで」と。志位委員長にはコピーしか渡さないわけ。例のI記者ですよ（笑）。

太もも触って懇願、最後は平謝りの塩じい

平野　私自身、機密費にはずいぶん関わってきたからその実態もよく知っていますよ。たとえば塩川正十郎さんが議運の理事のころは、一緒に配ってたから。だから彼が財務大臣になった時、共産党にも乗せられて機密費問題を取り上げて、塩じいとやったわけよ。質問で詰めてい

ったら塩じいが、「平野さん、私よりはあんたのほうが知ってるから、もう質問するな」って言うんですよ（笑）。

筆坂 塩じいなんていうとかわいい好々爺をイメージさせるが、ほんといい加減で、調子の良い男だよね。彼は宇野内閣の官房長官をやってたでしょ。辞めた後、もう自分は大臣の椅子に座ることもないと思ってたんだろうね。機密費を野党対策に使ったなどとテレビや週刊誌でしゃべりまくっていた。だから共産党としては、古川文書も入手した時期だったから、まず衆議院の予算委員会で厳しく追及したわけですよ。次は参議院という時に、NHKの日曜討論があったんです。この時はちょっと変則で最初に二〇分位、「塩川財務大臣に聞く」というコーナーがあって、そのあと各党の政策責任者討論だったんです。

でも控室はみんな一緒だった。僕が控室に入っていったら、塩じいはもう来ていて、入るなり、「おっ筆坂さん、筆坂さん、こっちこっち」と言って手招きするんですよ。僕は、会うのはこの時、初めてですよ。仕方がないから隣に座ったよ。何を言うのかと思ったら、いきなり僕の太もも触りながら、「筆坂さん、僕もほんとうに困ってるんだよ。党内からもいじめられて困ってるんだよ、わかるでしょ。なっ頼むな、なっ頼むよ」と言うんです。僕も仕方がないから「あっ、そうですか。大変ですね」とか言っておきましたが、要するに、機密費問題での塩川発言を取り上げないでくれ、見逃してくれというわけですよ。

村上 テレビに出てきれいごとばっかり、その程度の男なんですよ、あの男は。

筆坂 こっちだって共産党のトップバッターでそれをやるつもりだったから、当然、予定通り取り上げました（笑）。平成一三年（〇一年）五月二二日ですよ。塩川の答弁は、「忘れた、正確に思い出せない」「誰かの話を聞いて、自分の経験のように言ったのかも知れない」などと、寝ぼけたお粗末きわまる答弁でしたよ。でも追及の手をゆるめないから、とうとう最後には、「この席を借りまして反省し、訂正させていただきたい」と平謝りに謝ったから、そこでやめておきましたよ。

あきれたのは、その後ですよ。国会の廊下で僕とすれ違っても、声もかけない、挨拶もしない、太ももあれだけ触っておきながら（笑）。ほんと、わかりやすい人間ですよ。

村上 きれいごとばっかり言っている塩川さんをテレビが持ち上げて、国民の味方のような顔をさせている。いかがなものかね。

筆坂 呆れましたね。あんなものが偉そうに御意見番みたいな顔してテレビでしゃべっている。冗談言うなと思いますよ。

平野 そういう男、そういう男。私はその時に塩川さんといっしょに配ってた。私が金を持って、塩川さんが配ってくれるとか（笑）。

村上 自民党の正義派の長老のように持ち上げられてさ。とんでもない奴だよ。

平野　今でも善人ぶっていやらしいね。

官房機密費、外務省機密費で国政調査権を発動すべし

平野　機密費の問題は、政権交代にも関わってきますよ。機密費をいわゆる国会対策や政権交代させないために使う部分がありますからな。
村上　わしももらった、国対委員長のとき。
筆坂　それはそうでしょう。
村上　幹事長のときも持ってきたよ。
筆坂　そりゃ参議院自民党の国対委員長、幹事長に持ってこないわけがないよね。やっぱり相当持ってきましたか（笑）。
村上　いや、それはそのときの官房長官によって違うね。
平野　それから与野党が激突するような案件があれば、やっぱりはね上がりますから。
村上　そうそう、たとえばテロ特措法なんていうのがあると、きっとうんと増えてきますよ。
平野　政権交代しないからそういう習慣がついてくる。
筆坂　そうですね。鈴木宗男、佐藤優の対ロ交渉のときは、官房機密費から相当な金をもらって行ったと本人たちが言ってるもんね。

平野　外交交渉で使うのは、これはある意味じゃ本当の使い方なんです。

筆坂　そうそう、僕が共産党にいた時だって、機密費をゼロにしろなんて言ってませんからね。

村上　野党対策だけじゃない、与党内の対策にも機密費を使っている。それと私物化ですよ。飲み食いの費用にも、あるいは派閥の子分にも渡ってる。闇の中ですよ。

佐藤優さんが話してたけどね。取り調べの時に「あんた、金もらったろう」と聞かれたから、「ええ、もらいましたよ。あの時は、私の目の前で一億円を鈴木宗男さんに渡してましたよ」と答えて、誰だったか総理の名前を出したんだって。そしたら検事が慌てて「そんなことはいいんだ」とさえぎったってね（笑）。結局、調書取らなかったって（笑）。

平野　官邸の記者クラブで話題になった話が面白い。森政権ができたときにロシア大統領プーチンと会談セットしたでしょ。あのときに鈴木宗男さんが行くんですよ。それで一億円持っていくんですけど、五〇〇〇万で済んだため、後始末に非常に困ったっていう話がある。

一同　（笑）

村上　一億円というのは、そのときの話だ。

平野　五〇〇〇万円余ったっていう話もあるんですがね。

村上　余ったという話はしなかったな（笑）。

筆坂　外交とかそういうのには絶対使うからね。そんなもん領収書なんかもらえないから、機密費をゼロにはできないんですよ。

平野 それは秘密を買ったりせにゃいかんですよ、やっぱり。

筆坂 問題は、野党対策とか党内対策とか自分の総裁選挙再選のためや、選挙に使ったりしていることですよ。この膿は政権交代をやらなきゃ出せません。

村上 彼らは機密費を何のためらいもなく受け取っていますよ。国民の税金、国民の金だからね。狎《な》れてしまうと金銭感覚がマヒしてしまうんだ。ここが問題でね。

筆坂 村上さんはみずから受け取ってもいましたけどね（苦笑）。ともかく現状では、どんな証拠を突きつけても、「知らぬ存ぜぬ」ですから、福田総理など官房長官時代には、隠す側の先頭に立っていたんですから。

平野 そんなこと言ったって、私が前尾繁三郎議長の秘書をしている時なんかは、議長の私邸に二階堂官房長官が五〇〇万円を袋に入れて持って来るわけよ。「そこに置いておけ」といって帰すでしょ。そして私に、「こういうことをするから日本の政治が悪くなる」ってボーンと放り投げるわけよ。それを拾って、「先例がありますから」と持って帰って事務総長と相談したら、「今までこうやって配ってるから」ということになる（笑）。それで私は先例どおり議運の理事とかに、白い封筒に入れて持って回るわけよ。そういう仕事を四年ぐらいやりましたよ。これ官房機密費ですから。

田中眞紀子が外務大臣を辞めた理由はいくつかあるけど、一つは、外務省機密費を内閣官房に上納するということを証明しようとして、官房長官の福田康夫と衝突したからなんですよ。

村上　それは初耳だな。

平野　田中眞紀子は、外務省の倉庫にまで入って、資料を探していたんだから。本人から僕に直接電話がかかってきたので、「そんなところに置いているわけがないじゃないか」と言いましてね。証拠は残しませんよ。

だから今後、彼女がこの問題を取り上げるかもしれませんよ。大いにやったら良い。

それと参議院でこの問題で国政調査権を発動すべきです。かつて共産党が取り上げた上納問題など古川貞二郎らが書いた文書があるわけだから、彼や塩じいを証人喚問したっていい。

村上・筆坂　大賛成だ。

平野　議会政治というのはキリスト教文化でできてる。ですから欧米の議会というのは個人の心を律する教会と、社会を律する議会＝教会とに分離するんですよ。しかし参加する国民の、住民の代表者っていうのは議会の中でも教会と同じ心理状態でおるわけですよね。したがって欧米の議会というのは、嘘をついたらもう致命的に失脚するというルールがある。だから政治資金の報告にせよ、それから言論にせよ、政治的文書には絶対に嘘を書かないんですよ。

ところがわが国は多神教徒ですから、平気で嘘をつく文化がある。ですから明治に議会つくるとき、官僚や政治家の倫理性を確立しようとしてつくったのが教育勅語なんです。けど戦後はそういうものないからね。だから戦前の議会人はまだ倫理性があったんですよ、今よりは。今はもうデタラメですからね。自分が不利になる文書なり言論は、嘘をつくっていうのが一種の日本の議会政治の特徴になってるわけです。機密費の答弁なんて嘘ばっかりでしょう。ここのところから反省していかなきゃ。

第四章
非自民・細川政権誕生秘話

自民党の泥沼金権腐敗が二大政党体制づくりを促した

筆坂　今、政権交代が現実味を帯びてきているが、今年（二〇〇七年）の参議院選挙での自民党大敗の原因は、表面的には年金の不始末、事務所費問題、お粗末な大臣発言などによるものとみられているが、これはやや皮相にすぎるんじゃないかと思うんです。

むしろ自民党政権のもとでの積年の膿が噴き出してきた、また自民党支配そのものの歴史的劣化によるもの、と考えなければならないのではないか。年金問題での社会保険庁や各自治体でのデタラメな仕事ぶりを放置してきたのは自民党政治ですから。格差問題もグローバル化など国際的要因や小泉内閣の市場原理主義がより深刻化させてきたことは間違いないが、根っこには自民党のあまりにも大企業に偏った政治がある。そして跡を絶たないカネと政治の問題だ。「政治改革」とか、二大政党体制づくりの流れというのも、一九八八年（昭和六三年）のリクルート事件に始まり、佐川急便、金丸事件、ゼネコン汚職と泥沼のように自民党の金権腐敗が露呈してきたことが大きな引き金になった。

平野　リクルートは竹下内閣の時でしたね。

村上　そうそう。当時、安竹宮《あんちくみや》と言われて安倍晋太郎、竹下登、宮澤喜一の三人が中曽根後継を目指していた。結果的には、中曾根さんが竹下を指名して昭和六二年（一九八七年）一一月に竹下内閣が発足した。たしか翌年六月には、中曾根内閣以来の懸案だった大型間接税（消費税）導入の税制改革要綱を閣議決定するんだよね。ところがその一〇日前に、朝日新聞の報道によって、リクルートが川崎駅前の再開発をめぐって川崎市助役にリクルート・コスモス社の未公開株を譲渡し、利益供与を図っていたことが明るみに出ていた。それが中央政界にも波及してくるわけです。中曾根前首相、安倍幹事長、宮澤蔵相から野党幹部まで、数十人の政治家がコスモス社の未公開株を譲渡されていた。

成長企業の未公開株は、公開・上場されれば莫大なキャピタルゲイン（株の売買益）を「濡れ手で粟」で手に入れられるから、「怒髪天《どはつてん》を衝《つ》く」というけれど、そりゃ汗水流して働いている国民は怒りましたよ。この事件は、結局、藤波孝生元官房長官、公明党の池田克也副書記長の収賄容疑での起訴で終結するんだよね。

筆坂　そうでしたね。ただこの事件だけだったのかどうかわかりませんが、竹下の場合、この他にも皇民党によるホメ殺しやそれを抑えるための広域暴力団稲川会との関係もあった。真相はわからないが、竹下の金庫番と言われた青木伊平氏が捜査終結の一カ月前に自殺した。ロッキード事件でもそうだったが、この事件でも中曾根さんは国会の証人喚問だけで逃げ切ってる。

平野　中曾根さんはなぜか見事に逃げ切るんだよね。村上さんは、中曾根派だったからその腹いせで逮捕されたんじゃないの（笑）。

村上　冗談じゃない。僕は冤罪なんだ。自分は無実だと確信している。一点のやましさも曇りもない。もし平野さんの言う通りならますます検察は許せないよ。私の事件は村上逮捕で筋書きが作られた。検察という国家権力ほど怖いものはない。鹿児島、富山の冤罪事件を見ても然りだ。

筆坂　でもこの時、竹下内閣ははっきり言っていつ倒れてもおかしくなかったはずだ。リクルート事件、皇民党事件、消費税と難題山積だった。にもかかわらずこの年の一二月には消費税法案が可決・成立し、翌八九年四月一日から実施される。野党を抱き込んだからでしょう。

平野　共産党を除けばみんなリクルートからもらっていたからね。民社党委員長だった塚本三郎もこの問題で委員長を辞任する。社会党の衆議院議員上田卓三も議員辞職に追い込まれる。野党も大変だったからね。だから公明党や民社党とも裏で協議して、消費税とリクルートを処理し、この危機を乗り切っていった。消費税成立の三日後の一二月二七日には、内閣改造をやって第二次竹下内閣をつくり長期政権を目指したんです。ところが法務大臣に任命した長谷川峻がリクルートから献金を貰っていたことがばれちゃった。三〇日には辞職ですよ。

筆坂　わずか四日。

平野　そう四日。

筆坂　それが法務大臣。ブラックジョークだね。それにしても今の政治状況とそっくりだ。

自民党参院選惨敗も今とそっくり

平野　これで終わらなかった。経済企画庁長官に就任した原田憲もリクルート献金が発覚し、わずか三〇日で辞任に追い込まれる。安倍内閣と非常に似てるんですよ、そのころは。

国民は、自民党はロッキード事件で懲りているかと思ったら、今度は濡れ手で粟のリクルート事件だというので非常に怒った。それで自民党では、後藤田さんを政治改革委員会の会長にして小選挙区制導入などを柱とした「政治改革大綱」をつくるんですよ。この時、私はこき使われた。竹下さんはこれを置き土産にして、これを実行してくれということで退陣し、平成元年（八九年）六月に宇野宗佑内閣が成立するわけです。

村上　本来なら竹下が退陣すれば、「安竹宮」の残る安倍か、宮澤かが首相になるはずだった。ところがこの二人に加えてもう一人の首相候補だった渡辺美智雄もリクルートで傷ついてしまっていた。そこで初めて派閥領袖ではない宇野があとを継ぐことになった。

筆坂　後藤田さんのもとで平野さんがこき使われてつくった政治改革案というのは、小選挙区制を導入して本格的な二大政党体制を目指すという方向だったわけですね。つまり政界再編を待ったなしの課題に押し上げていった。

平野　そうそう、自民党の中だけの政権取り替えだけでは、もう民主主義に限界があると。汚職はなくならんと。大綱には小選挙区の導入、それから政党助成金も、国会改革も入った。総合的な選挙制度、国会改革を含めた大綱だった。そこで宇野内閣のもとで参議院選挙になった。

筆坂　いま政権交代が現実味を帯びてきてるけど、その淵源をたどればこの時期にあるんですよ。すでに政界再編、二大政党体制を見据えていますから。

村上　ところがこの参議院選挙が大変だった。宇野総理と神楽坂の芸妓との醜聞が発覚する。この問題だけで自民党は大敗したという意見もあるが、それは違う。竹下内閣でのリクルート事件、消費税導入、加えて首相の女性醜聞という三点セットで自民党は大敗したんだ。このときは改選六九議席が三六議席に激減した。一人区は三勝二三敗だった。このとき以来自民党は参議院で単独過半数を割ることになってしまった。今回の参議院選挙の成績は、改選六四議席が三七議席、一人区は六勝二三敗だから、この点でも非常によく似ている。

小選挙区制導入を柱にした「政治改革」を前面に

平野　そこで宇野内閣が退陣し、海部俊樹さんが出てくるわけですね。そして小沢一郎が幹事長になる。表向きは小選挙区制導入を柱とした政治改革を実行するっていうのが海部政権の最大テーマだった。平成二年（九〇年）四月には、第八次選挙制度審議会が小選挙区制の導入や政党助成について答申し、海部首相も「政治改革に内閣の命運をかける」とまで発言する。翌年七月に小選挙区制など政治改革関連法案を閣議決定し、国会に提出しますが結局は廃案になってしまう。このため海部内閣は退陣します。

村上 その原因は竹下や金丸の変節でしょう。やはり小選挙区制ということになると派閥の支配力が弱体化する、あるいは多くの議員が地域割がどうなるかわからない不安もある、したがって表向きは「政治改革賛成」といっても腹では反対している議員が多かった。その代表が海部内閣を支えてきた竹下や金丸だった。この竹下派が海部不支持に転じたため海部は退陣に追い込まれてしまった。

平野 このころには竹下さんなんか「政治改革」なんかやる必要なしと言ってた。逃げてましたよ。金丸さんも「羽田と小沢は政治改革の熱病にかかってる」って批判する始末でしたから。

筆坂 この二人と小沢を比較すると政治家としての時代を読み解く力の差、政治家としての眼力に大きな差があるように思いますね。というのは、二大政党体制とそれによる政権交代可能な政治システム確立の必要性は、金と政治の問題だけではなく、その他の問題でも格段に強まっていたはずですから。

湾岸戦争勃発と「国際貢献」論が政界再編を不可避に

筆坂 その一つが湾岸危機に端を発した「国際貢献」論だった。九〇年にイラク軍がクウェートに侵攻し、翌年一月には国連安保理決議にもとづき米軍を中心とした多国籍軍が空爆を開始し、湾岸戦争が勃発する。海部内閣は、多国籍軍への資金援助や掃海艇のペルシャ湾派遣などを決めるが、アメリカが強く要請していた自衛隊の海外派遣のための「国連平和協力法案」は、国民の強い反対もあって廃案に追い込まれる。当時、「国際貢献」、つまり自衛隊の海外派遣をどうするかが大問題になった。

平野　湾岸戦争の勃発は、政治改革にもう一つの意味を付与していくわけですよ。ロッキードとかリクルートという政治腐敗だけじゃない。日本のあり方の根本に関わることだということで、自立、自己責任ということを中心に、小沢は『日本改造計画』なんかも書き始めて、これはもう本格的な改革をやらにゃいかんという問題意識を強くもつようになった。海部内閣当時、小沢から私が聞いたのは、「自民党を変えなきゃ日本の国はもたないと。自民党が変わらなかったら自分は自民党を潰す」と。この考え方は中曾根さんなんかも評価していた。

村上　そうそうそう。

平野　それで僕ら引っ張り込まれるわけですわ。

当時、すでに小沢は政界再編、二大政党体制づくりという問題意識を相当明確にもっていました。消費税なんかでは、公明党、民社党と政策協議だってやっていたんですから。公明党も、民社党も、内政も外交ももう社会党にはついていけないっていうわけですよ。

そこで平成二年二月総選挙の後の臨時国会で公務員の給与法の補正予算がかかった時に、小沢は社会党に攻勢をかけていった。従来社会党は公務員給与引き上げには、人事院勧告にもとづいて賛成しておきながら、その裏付けの予算には反対してたんですよ。そういう無責任な野党ではもう政治をやっていけないというんで、小沢が「反対するなら反対してもいいんだけど、給与引き上げに賛成しながら、なぜ予算には反対するのか。同時審議をして国民になんで反対するのかという理由を示せ」と迫って大騒動になるんですよ。もう八百長、ごまかしはやらんというわけです。

それでもうそのころには私は公明党、民社党を取り込んだ一種の政界再編の基本的な政策の項目づくりなんかをやらされていた。創価学会も了解させにゃいかんからっていうんでね。衆議院の職員でありながら、こんなことさせられているんですから、毎日が公務員法違反なんですよ。

筆坂 立派な違反ですが、時効ですよ（笑）。

平野 それで創価学会・公明党の事情で態度決定が秋になるんですけど、すでにそのころから政界再編の政策的理論的な準備が始まってたわけです。

筆坂 公明党、民社党を取り込んでいくうえで消費税も大きかったが、湾岸戦争も大きかった。公明党、民社党は、多国籍軍への財政支援、ペルシャ湾への掃海艇派遣、ＰＫＯ法と次々と自民党に賛同していく。その結果、自公民ブロックからの孤立を恐れた社会党は、湾岸戦争予算と一体の九一年度（平成三年度）暫定予算案に賛成の態度をとった。「ルビコン河を渡った」わけですね。これは五五年体制崩壊の序曲ともいうべきものだった。

ところで「国連平和維持活動等協力法案（ＰＫＯ法案）」は、宮澤内閣になって成立する。このとき村上さんが参議院を仕切ったんでしょう。

村上　ＰＫＯ法案は、梶山国対委員長、小沢幹事長のときですよ。参議院の国対委員長は私だった。ＰＫＯ法案は平成三年一二月に衆議院を通過するが、参議院では継続審議になった。そこで小沢、梶山に「これは俺が必ず参議院を通すから」と言って啖呵切るわけですよ。それで今言った公明党と民社党を参議院で取り込むわけだよ。

平野　この時の経過を若干説明しますと、筆坂さんが言われたように湾岸危機が勃発して、日本の国際貢献が大きく問われることになった。多国籍軍への資金拠出だけでは国際社会から評価されないというので、海部内閣は平成二年の秋の国会に「国際平和協力法案」を出すんですよ。ところが政府の憲法解釈がバラバラでダメになる。それで自公民三党合意をやる。このとき社会党は土井たか子が委員長だったんですが、土井たか子の使いが私のとこへ来て、平野さんがどうせ原案書いてるんだから、自衛隊を別組織にしたら土井は乗る、社会党は乗るっていうんですよ。そこで土井の言うとおりのいわゆる合意案を出すわけですよ。

ところが大出俊とヤマツル（山口鶴男）がつぶした。結局自公民の三党合意になって、それをベースにPKO法案を出しなおすんですが、この成立は海部後継の宮澤内閣に委ねられることになった。

村上 そうそう、第一次宮澤内閣でね。

平野 このとき公明党がなかなか難しくて、婦人部が。これは憲法違反じゃないかという。私がそのときに創価学会の連中を説得するレポートを書かされました。その時に使ったのが立川基地をめぐるいわゆる砂川事件の伊達判決でした。この判決は、「日米安保条約は違憲だ」と明確に述べたうえで、日本の安全は国連の安保理でフォローすべきだという内容でした。それに憲法制定時の南原東大総長の理論や憲法学者の佐藤功の理論をつまみ食いして「護憲開国論」というレポートで創価学会を説得するんですよ。それがあとの小沢調査会の国連の決定に基づく行為だったら武力行使だって参加できるっていう理論なんですけどね。

これだけ苦労したのに、最近野中さんはテレビで、テロ特措法にひっかけて、湾岸戦争に日本が拠出した資金の使い方で小沢に疑惑があるような虚言をやっている。絶対ありえないことを、いかにもあったように。小沢叩きを再燃させる亡霊たちが、自民党にはまだ跋扈しているんですね。

村上 野中さんはことあるごとに憎悪をむき出しだね。このときの参議院の国際平和協力特別委員会の委員長が大分選出の後藤正夫だった。この先生がグズで全然委員会が進まないんですよ。それで途中でこれを下条進一郎に替えるんです。後藤さんは病気だという理由で替えたわけですよ。そうしたら彼が委員長を辞めてからその腹いせに俺は病気じゃないとばらしてしまってね。僕はずいぶんとそのときに野党にやられましたよ。それでも平成四年（九二年）六月九日未明、社会党や共産党が牛歩戦術で徹底抗戦するなかでPKO法案を強行するわけです。このとき本会議に上程したのは六月五日ですよ。それが六月九日未明までかかった。実に四泊五日の本会議だった。

筆坂　村上さん、日本共産党の党史『日本共産党の七十年』に面白い記述がありますよ。「PKO法案について、参議院での審議が始まらないうちから、国際平和協力特別委員会の後藤正夫委員長（自民党・宮澤派）が辞任するなど、国民の反対世論のひろがりに政府・自民党に混乱もみられた」とね。裏に村上さんがいたんだ（笑）。

小泉はPKO法案に反対だった

村上　このときから参議院が強くなるわけです。参議院やるじゃねえかというので、私と梶山の蜜月時代がそこから始まった。それまでは参議院をバカにしてたわけです。ところがそこから評価が上がっていく。PKO法が契機になったんですよ。

そんなこともあって第二次宮澤内閣で私は労働大臣として初入閣しました。そのときの郵政大臣が小泉純一郎。そのとき小泉は何と言ったかといったら、「PKOで日本の若者をよその国の湾岸に派遣する。湾岸で血を流すことに俺は反対だ」、閣議で彼はあの調子で切り捨て御免式のヤクザの論調でパーンと言って、あと席立って帰るわけですよ。

この小泉の意見に俺は反対論をぶつんだけど、官房長官がハト派の河野洋平だから俺の議論の方を封殺しようとした（笑）。

ところが総理になってからの小泉純一郎の変身ぶり。あのころ彼の言ってることからいきゃあ、革命的ですよ。これがあの小泉かと言いたくなったね。

筆坂 これは戦後政治の画期だったたと思う。野党だった公明・民社はそうはいっても予算には反対してきた。それが社会党も含めて暫定予算で賛成に回り、そして自衛隊海外派兵の法案には公明党、民社党が賛成する。ここでがらっと日本の政界地図が変わったんですよね。

平野 そうです。そのとおりです。ですからやっぱり政党の垣根が緩くなって流動化して再編せざるを得なくなったのは、国際情勢の変化も大きかったですね。

筆坂 三つ目の要素として、ソ連、東欧の社会主義体制の崩壊による冷戦終結が大きい。これは、国際情勢も変えたし、日本国内の政治情勢にも巨大な影響を与えた。

五五年体制は、米ソ対決・冷戦体制を日本政治に映しだしたものだった。その一方の極のソ連が崩壊したわけだから、ソ連から資金援助もあった社会党が崩れていくのは必然的だった。

開国論者ジョン万次郎に傾倒していった小沢

平野　ちょうどそのころ湾岸紛争を契機に小沢一郎が「ジョン万次郎の会」をつくったんですよ。

村上　そうそう「ジョン万次郎の会」、俺も一生懸命やったよ（笑）。

平野　ジョン万次郎は現在の高知県土佐清水市の生まれですから、共産党の不破のふるさとでもあるわけですね。それで赤旗のI記者が私のところへ来て、不破が悔しがってるっていうわけよ。こともあろうに小沢とか平野がジョン万次郎を評価したっていうのは、やられたって言う。日本共産党も理論的にヨーロッパから学ぶものはないっていうわけ。独自のことをやらにゃいかんっていう。ジョン万次郎がアメリカにいたころ、つまり十九世紀の中ごろのラジカルデモクラシーね。これの資料がないかっていう話でした。だから共産党もある意味で影響受けてたんですよね。

筆坂　ベルリンの壁崩壊、ルーマニアなど東欧社会主義国の崩壊、そしてソ連崩壊と八九年から九一年ごろにかけて共産党は本当に大変でしたからね。社会主義は地に墜ちましたから。竹下内閣の時には、自民党は「資本主義体制か、社会主義体制か」を問う「体制選択論」を選挙で持ち出してきましたしね。それは苦労しましたよ。

閑話休題——艶太りの純ちゃん

村上 当時のことで、ふーっと一息つく話をしますよ。宮澤内閣で小泉純一郎なんて毛色の変わったのがいて、俺といつも両極にいたわけ。それで河野洋平が仲を持って、まあ、まあ、とやってた。

ある日曜日、閣僚でゴルフ行こうということになり、揃って茅ヶ崎のスリーハンドレッドクラブへ行ったわけ。ちょうどこの日、小泉純一郎が新橋の芸者さんのお通夜だったか、葬式だったかに行っている場面が掲載された写真週刊誌が出ていた。

平野 あ、覚えてる、覚えてる。

村上 それで僕が朝食を食いながら話題にしたわけ。「おい、小泉さん、写真が出てるじゃないか」って。そしたら小泉が「いや、参っちゃったよな」とかなんとかいう話でわあわあやってたわけ。

そうしたら宮澤さんが、後ろのほうでぽつっと言ったんですよ。「純ちゃんは艶太りですからな。いいじゃないですか」と、真面目な顔で、艶太りって言ったわけ。それで俺は「焼け太りっていうのは聞いたことあるけど、艶太りって聞いたことありませんね」と言ったんだ。

平野　あの芸者、自殺と言われているが、本当ですか？

村上　うん。艶太りっていうの初めて聞いたよな。粋なこと言うじゃないの。それでもうその話は終わったわけ、みんな大笑いして。

そうしたら考えてみなさい。艶太りで総理大臣になった、純ちゃんは（笑）。俺はそれを思ったわけ。今年（〇七年）の六月に宮澤さんが亡くなったでしょ。あのとき各界から宮澤さんを偲ぶ談話が出てたじゃない。あのとき、俺にインタビュー求めてこないかなあ。その話をしてやるのにとこう思ったんですが、純ちゃんはまさしく艶太りで太って総理大臣になった。

筆坂　へえ、純ちゃんの艶っぽい話を色々知ってたんでしょうかね（笑）。

村上　やっぱりあの人の独特のユーモアですよ。

金丸裏金事件、巨額脱税事件の裏でこんな動きがあった

村上　ところで宮澤内閣の最後は本当にどん詰まり状態だった。閣議でも解散するかどうかと深刻な議論があった。

筆坂　竹下派の終焉と政治改革が原因ですよね。東京佐川急便から金丸信への五億円の裏金、さらには一八億五〇〇〇万円の巨額脱税での金丸逮捕、ゼネコンからの巨額闇献金などが次々と発覚した。

平野 これはそのとおりです。

村上 それで小沢に追い込まれていってね。

平野 まあ、ちょっとあんまり本当のことを言うとね……（笑）。

村上 これは大事だから本当のことを言ってもらわんと。

平野 まず私が平成四年（九二年）の参議院選挙で無所属で高知から国政へ出るわけですよ。私は選挙に出るつもりはなかったんですけど、海部内閣で政治改革で失敗して、梶山と大喧嘩して、正直言って衆議院事務局に勤められないような状況があったわけですよ。なんせ梶山は愛する小沢一郎を政治改革に取られたというのがありまして、それでちょうど高知県の知事選挙があって大二郎（橋本大二郎）が勝って自民党の公認候補が負けて、谷川寛三科学技術庁長官（安倍・三塚派）が責任を取らんということで、竹下、野中が経世会として高知から一人国会議員作ろうということになった。それで平野を巻き込めば国会対策もできるし、それから利権の仕組みもつくるだろうと、非常に期待されまして、それで出されるわけですね。

タムゲン（田村元・元衆議院議長）が怒りまして、俺が高知県を仕切っているのに、お前は衆議院職員を辞めてまで竹下に煽《おだ》てられて参議院選挙に出るのかというので。そうしたら小沢が来て、「出ろ。それで竹下、野中の言うことを聞いて出してもらって、議員になってから引っくり返そう」というのがもうはじめからあったわけですね。

筆坂・村上　（笑）

平野　無所属でしたが、憲政史上初の与野党、自民党、公明党の推薦もあって当選した。それで国会に行くと村上労働大臣と出会ったんですよ。

村上　私とね。

平野　そう。村上さんに国会の廊下で捕まりまして、「やあやあ、おめでとう」と。私は衆議院の役人だったから、それまであまり知らないですよ、「竹下さんから聞いとるよ」って。それで村上さんが労働大臣を辞めた後、椎名素夫を座長とする参議院改革協議会の事務局長のような仕事に引っ張り込まれるわけですよ。

村上　平野さんは無所属だし、椎名さんも政党色がないわけだから、政治改革にはちょうどいいと思ったわけ。それで平野さんはかねがね「小沢の知恵袋」だと聞いてるから、この人の頭叩けば打ち出の小槌じゃないけども、いろいろ発想が出てくると思った。

平野　後藤田のやった政治改革の参議院改革版をドラスティックにやろうというのが村上さんの発想だったから。

当時、すでに金丸事件が起こってた。経世会で揉め出して、それで金丸証人喚問だ、竹下証人喚問だと問題になってくる。そんなこともあって竹下、小沢がもう口利かなくなるほど冷却してた。私は両方から相談受けてましてね。それで証人喚問したときに恥かかんように竹下とも色々相談した。すると金丸が怒り出して、竹下と梶山が組んで俺を証人喚問に出して恥をかかせようとしているって。俺は全部しゃべるぞって言いましてね。今度は金丸を、私はまあまあと落ち着かせなければならない。経世会がガタガタになっていた。

お通夜が取り結んだ山岸連合会長と小沢の蜜月

平野　そんなこともあって平成四年（九二年）暮れに羽田孜、小沢らが「改革フォーラム21」を立ち上げ、竹下派を離脱するわけです。

村上　当時、自民党で政治改革に一番熱心だったのは法務大臣の後藤田正晴さんでしょ。

平野　そうです。小沢も当時は「自分は自民党を割るつもりはない。まず自民党の党内改革をやる。自民党を良くすることが自分の前提だ」と言っていた。同時に、野党との関係をきちっとしたものにせにゃいかんというのでシナリオつくれっていうわけですよ。それでいろいろ調査分析したら、連合の山岸章会長が、社会党の連合推薦で通った若い議員たちが勝手に小沢と接触してるというので非常に怒っていることがわかった。そこで山岸・小沢の会談が必要だっていうんで、平成五年（九三年）の二月にやるんですよ。

村上　これは非常に信頼関係があったんだよね。

平野　いや、そこで信頼関係ができた。

村上　その前後に山岸のお母さんが亡くなったでしょう。

平野　その後。

村上　その後だったたか。小沢がお通夜に来て最初から最後まで席を立たない。翌日の葬儀も小沢が最初から最後まで座ってた。それに山岸が非常に感動するわけなんですよ。

筆坂　そりゃ、そうでしょうね。

村上　山岸が僕に「小沢っていうのは大した男だ。うちのおふくろの葬儀に来て、普通だったら政治家は途中で帰るだろ。それが最後までいてくれた。通夜にも来てくれた。なんという律義な男だ」とね。

平野　村上さん、それは小沢の欠陥でしてね。葬式に行ったら要領よく早よう帰れないのですよ（笑）。

村上　いや、それが山岸が小沢を評価した大きなきっかけだったと思うよ。僕は大臣の仕事で葬儀に行けなかったので家内が行ったわけ。それで山岸が御礼に来たわけ、僕のところへ。「奥さんに来てもらってありがとうございました。そのときに小沢はお通夜も来てくれた。葬式も来てくれた。はじめから最後までいてくれた」と感謝していたもの。

平野　それがもう欠陥なんですよ、彼。忙しい人間がね。

村上　そういうことはなかなかできないよ。

筆坂 僕もそれは大したものだと思うな。人の心をつかむよ。

平野 この間もわしの娘婿の小沢の書生をやっていた樋高剛（前衆議院議員）の親父が死んで、八月一六日に葬式をしたわけよ。それで小沢が来たわけよ。ちょこっと来てさっと帰るっていう予定だったんだけど、私の横に座ったらもう動かんわけよ。もう帰れって言うんだけど、「あんた、そんなこと言って、帰れるわけないじゃないか」って結局しまいまでいたんですよ。

筆坂 だけどそれは偉いよ。

村上 偉いよね。誰にでもできない。

平野 しかし迷惑よ、周りの人間は。

村上 いや、さっと焼香してさっと帰られたんじゃしらけちゃうよ。小沢は偉いと思う。

小沢と社会党、連合との「薩長同盟」

筆坂 まっ、その話はそれぐらいにして山岸の話に戻しましょう。

平野 山岸は、小沢は憲法を改正すると言っている。それからもう一つは俺の了解なしに社会党の若い連中を勝手に引きずり回してるって怒っているわけですよ。その情報が入ったから、頭下げるところは頭下げるのでというので内田健三（元共同通信社論説委員長、法政大学、東海大学教授を歴任）に口説いてもらった。これからの日本のあり方を議論しようって。

それでホテルニューオータニの会席料理店「千羽鶴」で山岸、小沢、内田、平野で話し合った。そこで小沢が頭下げて、「自分は自民党を壊すつもりはないけど、後藤田さんの政治改革ができなければ自民党を出ます」と、そこまで言うんですよ。

それで山岸さんが「薩長連合だ」って喜んだ。私が一言、「むしろ中国の国共合作じゃないか」って言ったら怒ってね。「ふざけるな」って（笑）。

筆坂 いつも平野さんが言ってる「薩長連合」って、このときの話か。

平野 それからとにかく非公式に勉強会開こうというので、連合が金を出して一週間に一回やってました。

筆坂 政界再編の仕掛けが着々と進んでいたわけだ。そのあたりが小沢さんは先を見る目があるよね。

平野 僕は改革フォーラム21をつくったときに自民党に入って、自民党高知県連の会長にもなったけど、梶山幹事長が参議院の会派に入れんわけよ。「あの野郎は小沢と羽田を煽《あお》って自民党を壊そうとしている。おまえら水戸藩をつぶした書生派だ。俺の先祖は天狗党だ」と言ってね。

村上 天狗党は尊王攘夷派であり、当時の改革派でしょう。書生派は幕府につく保守派ですよね。梶山さんが言っているのは逆だと思うが。尊王攘夷派の指導者の一人が藤田東湖でその子供の藤田小四郎が筑波山で兵を挙げるが、最終的には戦いに敗れ処刑される。そのときの藤田小四郎の辞世の句が「かねてより　おもひそめにし真心を　けふ大君につげてうれしき」というんです。私は感動しましたね。

金丸五億円闇献金が二〇万円の罰金で済んだ訳

平野　金丸が平成五年（九三年）三月に脱税で逮捕されるわけですが、これが政治改革が最重要課題になっていく流れのきっかけですよ。僕は小沢に呼ばれて、「自分は金丸から個人的に御馳走になったことはない」って言うんですよね。それで「あんたは第一次佐藤内閣のころから面倒見てる長い付き合いだ。海外視察にもしょっちゅう同行してる。金丸も平野さんのことをしょっちゅう噂してるから、相当もらってるだろう」って言うんですよ、小沢一郎が。それで「本当のこと言うてくれ」って言うんですよ。心配してくれてるわけよ。

だから僕は言ったわけ。「残念ながら金丸さん個人の金はもらってない。むしろ官邸の機密費からソノチョク（園田直当時衆議院副議長）が取ってきた金の番やってたから、金丸が僕のところへ金をもらいに来たのが付き合いの始まりだ。海外旅行とかいろんなとこへ行ったけど、ほんとに自分の金を使わん人で、出してた人は小針暦二だ」と言った。知ってるでしょ？

村上　（笑）うん、知ってる、知ってる。

筆坂　悪名高い政商だよね。

平野　僕と金丸との金の関係はないことがわかったので、小沢は「よし、それじゃあ、もう自分も金丸のことは未練はない。可愛がられたけどやる」って言う。「つり橋を落とそう」というので、それで選挙制度を中心に攻めていこうというシナリオを書くわけですよ。

村上　金丸のわずかの罰金のことが問題になったでしょう。あれは逮捕とは別か。

筆坂　二〇万円の罰金というのは、東京佐川急便からの五億円の裏献金の件ですよ。結局、政治資金規正法違反で略式起訴ということになった。これは九二年九月のことで、結局金丸は議員辞職に追い込まれる。そして翌九三年に脱税で逮捕されるんです。

平野　金丸の五億円をどう処理するかということで梶山と小沢が意見対立したんですよ。小沢は「これは会計責任者の事務処理の問題だ。堂々と裁判をやれ」と主張した。梶山の方は根來泰周法務事務次官（その後東京高検検事長）とダチでしょ。根來に言われて、あれは裁判になったら検察が困るわけよ。金丸のせいにすれば二〇万で済むわけだからね。根來のアイデアなんですよ。

なぜ小沢の論が通らず梶山の論が通ったかというと、金丸が精神的にもたなかったんですよ。裁判をやる気力がないし、秘書のせいにもしたくないっていう。それで梶山の勝ちになった。

村上　野中が小沢に怒ったのは、金丸が逮捕されてから小沢は一回も来ないじゃないかと。

平野 ほんとはそうじゃないんです。もっと低次元のレベルの恨みを持ってて、僕はそんな野中に相談されたの。私は役人のころから、前尾衆院議長の関係で野中さんとは愛と憎しみの関係ですから（笑）。野中の小沢嫌いの原因はもっと低次元な話ですよ。京都での遊び方の話なんです（笑）。

一同 （笑）

本音は小選挙区制導入に反対だった自民執行部

筆坂 話を元に戻しましょう。政治改革の要はなんと言っても中選挙区制を小選挙区制に改変することですよね。選挙制度となると与党だけではできない。野党の同意を得る必要がありますが、そのあたりはどうだったんですか。

平野 そうなんです。それで平成六年（九四年）四月に社会党を説得せにゃいかんというので、社会党委員長の山花を説得に行きました。野党で選挙制度の案がまとまらなきゃ話にならんわけですよ。自民党は単純小選挙区ですから。

筆坂 社会党、公明党はドイツ型の小選挙区比例代表併用制だった。だから自民党と野党の間でまだ着地点が見つかっていなかった。

平野 ところが田原総一朗のテレビ番組に出ていた宮澤総理が「政治改革に政治生命を懸け

る」って約束するわけですよ。宮澤さんには悪かったけど、私はそのときに仕掛けをした。一番熱心だったのが副総理の後藤田さんだった。ところが党がダメなんですよ、梶山幹事長が。

そのため宮澤さんもこれはもう時間がないというので焦りだした。

それで何か考えろという小沢の指示で僕と国会図書館の成田憲彦が考えたのが、細部は次にまわしてとりあえず政治改革基本法、一種の理念法を作ることで、具体的な中身は次にまわすという段取りを考えた。それを、自民党の執行部を通さずにいきなり宮澤さんが了解するんだったら、田辺誠が衆議院の政治改革特別委員長をやってましたから、そこで一挙に成立させようというウルトラCも考えたけど、結局宮澤さんが決断できなかった。

そうこうするうちに梶山が経団連の会合で「自民党の改革派の言ってる政治改革というのは一〇〇メートル先の針の穴に糸を通すようなもんだ」ってよけいなことを言って、それでわれわれは怒ったわけですよ。

そこで野党に内閣不信任案を出すように働きかけを開始しました。他方、社会党国対委員長の村山と梶山は同時期に国対委員長をやっていた関係から深いつながりがあった。その村山は改革をしないという立場でしたから梶山は安心してたわけですよ。

ところが公明党と民社党と社民連、合わせれば五十一人いる。内閣不信任案を出せるんですよ。そこでその意思表明を公明党書記長の市川雄一にやってもらった。こうなれば野党第一党の社会党も乗らざるを得ない。そこで内閣不信任案を出すことになったんです。

村上 本当に悪知恵が働くよな。私はそのとき宮沢内閣の閣僚だからね。あんたに首切られたようなもんだよ。それにしても宮澤さんというのは、知識は広いかもしれないが政治家としての決断力には欠けた人だったねえ。お公家集団から出てきた人で、良し悪しは別です。小沢・平野の手練手管には勝てないはずだよ。

平野 私たちは、宮澤さんがあれだけのことを言っていたのにやらんもんだから、その次の総理は後藤田と考えた。不信任案は可決されて解散になるだろうと見ていましたから。案の定可決されました。それは改革フォーラム21が賛成したのと、それから何人かの自民党議員が欠席したためです。それで解散になった。

その晩に改革フォーラム21は自民党を出ていかない、その理由をおまえ考えろと言われて、私が考えたのは、三回も政治改革・選挙制度改革をやると選挙で公約しておきながら、結局執行部がつぶした。党規違反したのは梶山以下の執行部じゃないか。われわれは公約を実行するために努力したのだと。したがって梶山以下執行部を党規違反で告訴をしようというので、その告訴文を僕は作ってた。逆に開き直って。

そうしたら国会図書館の成田から電話かかって、内閣不信任案に反対し、一部欠席した武村のグループが一〇人で「さきがけ」っていう新党を作ったっていうわけだよ。

筆坂　武村グループが一番最初に離党したんだよね。

平野　内閣不信任案に反対した連中が新党を作って、賛成した我々が党内におるわけにはいかんだろうということになった。もう夜中だったけど羽田と小沢と私が残ってて、羽田が「三人だけで自民党を出よう」って言うわけよ。あとの人に自民党を出ろって言うわけにいかんという。私は、「それは朝みんなに相談してくださいよ」っていうことで次の朝相談した。

村上　そこで全員出るということになった。

平野　ついに自民党が分裂したわけですね。

新生党の選挙資金は小沢、羽田の自宅を担保につくった

筆坂　待ったなしの解散総選挙だから大変だったでしょう。

平野　バタバタですよ。党名は羽田が考える、公認候補は小沢、綱領と政策は平野というので分担した。それで次の段階で大事だったのは、野党の選挙協力でした。やる以上、非自民の政権をつくらなければならない。そのための基本的な協議をただちに開始する必要があった。

ところが細川の日本新党は最初乗るって言ってたんですけど、武村に引っ張られて選挙協力の合意に乗らなかったんですよ。結局社会・公明・民社、それから社民連、それから我々の新生党の五野党で選挙協力の文章をつくった。この文章を作るのが大変だった。簡単な文章なん

ですけど、一番揉めたのは外交政策。外交・安保政策。なにしろ自分たちの政権をつくろうというわけですから、勝つとは思ってなかったけどね。

従来の外交・安全保障政策を継承するというのが小沢の言い分なんですよ。社会党の国対委員長村山富市と書記長の久保亘は尊重するっていうんですよ。それで決裂しまして、私が中に入っていろいろやったんですが、最終的に久保亘が小沢の言うのでよいと了承した。あんたら党内はどうするんですかと聞いたら、社会党の役員会にかけないって言うんですよ。それが一つはやっぱり細川連立政権ができた一つの根っこですよ。そこで社会党が役員会にかけてたら選挙協力はできないですよ。

筆坂 どの野党も選挙資金が大変だったんじゃないですか。

平野 そうなんです。細川は金の問題もあり、われわれといっしょにやりたかったが、武村に引っ張られた。結局羽田と小沢は自宅を担保に借金して、新生党の選挙資金を捻出しました。

僕らは後藤田を担いで自民党をもうちょっとダイナミックに引っ張り込んで政権をつくろうと根回しをしていた。ところが事もあろうにわれわれのグループの中西啓介が徳島の後藤田の秘書をやってた県会議員を新生党から立候補させたわけよ。それで後藤田が怒ったわけ。後藤田は最初に出た参議院選挙で落選したというトラウマがありますからね。後藤田の手足になる県会議員を新生党から出すというのは、後藤田と敵対し、足を引っ張ることですから。これでこの構想がつぶれてしまった。

村上　自民党はこの選挙で羽田・小沢グループ、武村グループが出て行った分を除けば、改選時議席を一議席上回ったんだよね。ただ過半数にはまったくとどかなかった。しかし圧倒的第一党の二二三議席だった。一番減らしたのが社会党で一三七議席から七七議席へとほぼ半減した。新党は軒並み増やした。数からいえば自民党中心の連立政権ができてもおかしくなかったんだよね。

平野　おっしゃる通りです。細川も武村も自民党と提携するつもりがあったから、宮澤政権は続くだろうとみていた。ところが小沢は違った。「ちょっと待て」と。「これは組み合わせによっちゃ非自民の政権ができる」と言うわけです。それで早朝から山岸連合会長はじめ各党関係者に「自民党政権でいい」ってこと絶対言うなと。自分は二日か三日潜るから、その結論が出るまで絶対言うなということで、非自民の政権はつくれるっていうことで動き出すんですよ。

他方、武村も政治改革で自民党にけっこうきつい要求を突きつけてたもんだから、自民党もなかなか呑めないわけですよ。いったいどういう組み合わせで政権ができるのか緊迫してくるわけですよ。それでバタバタしている時に、内田健三と国会図書館の成田憲彦に呼ばれまして、小沢の考えと状況を言えっていうわけですよ。そこで概略を説明したが、本当に非自民の政権ができるのかっていうんですよ。総理を誰にするのかっていうわけですよ。そこで僕が言ったのは、一番数の多いのは社会党ですよ、負けたとはいえ八〇近くあった。だから羽田か山花かでしょ。それから細川、武村でしょ。候補は四人ですなあと言った。あと小さい公明、民社ですからね。ただ社会党っていうわけにいかんだろう。羽田はやりたいだろうが自民党を出たばっかりだから、いくら非自民といっても説得力がないという話もしました。

内田と成田は、僕の話を聞いて、これは本当に組み合わせによっちゃ非自民政権ができるというので色めき立ちましてね。僕は小沢が細川をねらってるっていうことはわかってたけど、わざと「年の順もある」って言ったんですよ。一番上は武村なんですよ。二人とも「え！」ってびっくりしまして、「平野さん、もう帰ってくれ」って言うんです。あと一五分ぐらいしたら武村が来ると言う。それで私が帰ったあと、二人が武村にそれを話したようですよ。その気になったんですよ。それで武村は自民党との話し合いにブレーキをかけたんです。

それで次の日、小沢が大体細川に話つけておいて武村と会ったら、武村も細川でやむを得ないということで了解したということを聞きました。そのとき小沢は「驚いたよ。武村がやる気があった」っていうんですね。だから小沢に言ってやったんです。「誰だってそうだよ。総理をやれるのにやらなかったのはあんただけじゃないですか」って。そしたら怒ってね（笑）。

村上　小沢は謙遜しているのかね。

土井たか子議長実現の裏話

平野 大体の流れはできたんですが、連合の山岸と非自民第一党の社会党の山花と田辺に了解を取らなければなりません。ただ細川政権、細川総理というだけじゃこの政権は弱いというので、小沢は一日中かかって色々考えて、衆議院議長を土井たか子にしようということになった。この話を山岸、山花、田辺にしようということで、深夜小沢と私がホテルで会いました。

そして細川が決断したということを報告して、「ところで議長の人事ですが」と小沢が切り出した途端、山岸が「おっ田辺君、おまえやれよ」と言ってしまった。小沢は土井たか子を持ち出せなくなってしまった。その一言でそこでは田辺議長という雰囲気になってしまった。

筆坂 森総理誕生時の「五人組密談」での村上さんの一言みたいだね。奇しくも五人組だしね。

村上 僕の時には、それで本当に決まるが、今の話はひっくり返る。「鶴の一声」の重みの違いだよ（笑）。

平野・筆坂 参りました（笑）。

平野 ところが小沢は彼らが引き揚げてしまったあとで田辺が議長になれば、金丸との関係、カネの問題など色々叩かれる、どうしても山岸の了解を取り付けて、土井たか子を説得しなければならないと言うんですよ。その役をどっちがするかで小沢と揉めましてねえ。山岸に厳しい話はできないというから「よし、わかった。山岸さんには私が話そう。しかし話す前に土井たか子を口説いとかなきゃダメじゃないか」って言ったら、「いや、それは俺のほうがやる」っていうことで分担した。

それで翌朝、山岸さんに電話したら「平野君、わかった。金丸のことを考えればそりゃそうだ」と了解してくれた。「けど、俺が田辺さんに言うわけにはいかんから、そんな話は政治家同士で話せ」と言って逃げられちゃった。それで小沢に電話したら、「まあ、そうだろうなあ。だったら悪いけどあんた田辺のところへ行って話してくれ」と言うわけです。ところが田辺は地元の前橋に帰ってしまってる。参りましたよ。七月の終わりごろの暑い日だった。

筆坂 前橋まで行ったの？

平野 そうですよ。僕は田辺さんをよく知ってましたけど、手ぶらでは行けない。金持って、と思っても金がない。仕方がないから田舎から届いた温州みかんを箱ごと土産に持って行きました。でもどう説得するか良い知恵が浮かばない。色々考えた結果、金丸さんが甲府の家に蟄《ちっ》居《きょ》してることを思い出した。これは一言言ったほうが良いと思って電話したんですよ。金丸さんはもともと政界再編を考えた人でしたから事情を話した。そしたら「俺の名前を使えるものなら使って結構」と言ってくれた。

それで「金丸さんも心配してる」というようなことを言えば、田辺さんも了解してくれるだろうと思って前橋に行ったんですよ。

村上 なにせ二人は腐れ縁というか、仲が良かったからね。奥さん同士は姉妹なんだろ。

平野 田辺さんの家へ行きましたて、口上を言いましたら、田辺さんも喜んでくれましてね。「社会党の国会議員にそんな気を使う人間はいない」「夏にみかんが食えるなんて」と。田辺さんの方から「心配してくれてありがとう」って。「一切任せるから心配するな」と言うわけです。やはり政治家ですよ。

筆坂 それは大したもんだね。

平野 その代わり後で「議長をつぶしたのは平野だ」って人前では悪いことを言うわけよ。冗談だけどね（笑）。

筆坂 そりゃしゃあないね。

平野 それから山花を通じて土井を口説くのにまた三日か四日かかったわけですよ。しかし土井の議長人事は結果的には失敗だったね。全部自民党の言うとおりになっちゃった。竹下の言うとおりになっちゃったから。そんなこんなで私がまとめ役になって八党立ての政策合意をつくったんですよ。これが大変だったですよ。

村上 そりゃそうでしょ。八岐大蛇《やまたのおろち》を一つにまとめるんですからなかなかご苦労があったんでしょう。

殿様・細川の世間知らずエピソード

村上 しかしまさか細川が出てくるとは思わなかったねえ、僕は。まだ彼が自民党で参議院の議院運営委員やってるころを見てるからねえ。そのころの彼からは想像がつきませんよ、彼が総理大臣なんて。ゴルフが上手いだけの人だと聞いてました。

平野 参議院の美人秘書をみんな口説いたんだってね、あのころの細川さんは。

村上 細川の参謀が「選挙の神様」とか言われた政治評論家の飯島清さんですよ。私もずいぶんと御指導に与《あずか》りました。

筆坂 石原慎太郎が最初に参議院の全国区に出馬した時の選挙参謀もやってますよね。

村上 そうそう。飯島清の話聞くと、もう細川なんていうの、へえーと思うような政治家だからね。お父さんが神社本庁の庁長で、社会常識が全然通じないんですって。事務所開きをやったら細川の親父が恭しく執事を連れてやってきた。

筆坂 さすが殿様。

村上 飯島清に「これを何かの足しにしてくれ」と言って紫の袱紗《ふくさ》を出してきた。開けてみると封筒が入っていて、飯島はてっきり小切手だと思ったそうだよ、薄いから（笑）。そうして開けてみたらなんと五万円だって（笑）。

筆坂　（笑）

平野　けど、彼らの常識はそんなもんでしょ。

村上　参議院の全国区に出馬するんだよ。執事まで連れてきて、恭しく紫の袱紗を出して「選挙の足しにしてくれ」と言うんだから、小切手で五〇〇万円ぐらいは持ってきたのかと飯島は思ったそうだよ。

筆坂　少なくともね。

村上　五万円だって（笑）。もう大笑いだったよ。これが総理になるんだからね。だからあの人の金銭感覚なんて全然世間離れしていたと思いますよ。

平野　私は細川のことはまったく知らなかった。解散した後、小沢に「細川に一回会って人間を見てくれ」と言われて二人だけで会ったんですよ。そのとき結局は選挙協力しなかったけど、金の問題もあるし、小沢に頼りたいという気持ちがあって、前向きな話だったわけですよ。

このときもいきなり「経団連に金をもらいに行きたい」と言うんですよ。細川は自分が行けばもう当然くれるという感覚なんですよ。それで僕は一時間ぐらい色んなことを話したんだが、やっぱり背後霊を感じたね、複数の。それは藤原家の背後霊と細川家の背後霊ですよ。いわゆる公家の背後霊と武士の背後霊ですよ。それで武士の背後霊が出ると非常に立派になるんですよ。公家の背後霊になると、フニャフニャになっちゃう。一時間ぐらいでわかるんですよ。

筆坂 いよいよ平野さんも細木数子か、江原啓之並みになってきた（笑）。

平野 いや、人間そうですよ。中曾根さんなんか背後霊七つぐらい持ってますよ。だから決して彼は嘘をついたとは思ってないんですよ。背後霊が言ってるんだから。

一同 （笑）

平野 聞いてる人間は一人の人間が言ってると見るから嘘になるけどね。いや、政治家っていうのはそういうもんなんですよ。非常にミステリアスな深層心理が働くんですよ。こりゃあ、容易なこっちゃないと思ったんですよ、そのときに。

それで結局金の問題も「お金集めるときには平野さん、私も一緒に行動したい」と、こう言うわけよ。わかりましたと言って帰ってきた。小沢に相談したら、「冗談じゃない」「金銭感覚がないから何をするかわからん」と言うわけ。ちょうどそういう時に経団連事務総長の三好正也さんから連絡があった。経団連会長の平岩外四さんが、「経団連はもう政党に金を出さんと言ってるけど、それは表向きの話だ。金の集め方と根回しについて政治改革推進派にノウハウを与えるから一回打ち合わせに来てくれ」と言われてたんですよ。私、三好さんと以前からつながりありましたからね。

それで小沢に言いましたら、「改革、改革と言っておきながら経団連のつながりの金をもらえるわけがないじゃないか。悪いけど、断ってこい」って言うわけよ。それで「細川さんに言われてるし、それから羽田さんだって了解取らなきゃダメじゃないですか」と言ったら、「あの二人に言ったらまずくなる。二人には内緒で行ってこい」って言うわけよ。
わかりましたって、断りに行ったんですよ。その帰りを毎日新聞の社会部記者に見つかってしまった。次の日、毎日新聞に「経団連に金の要求に行った」という記事を書かれてしまいましてね。羽田と細川から「おまえは勝手に行ったのか」と言われたので、「実は断りに行った」と言ったら二人に随分文句言われましたよ。

筆坂　でも小沢さんのそのときの判断はさすがだね。

平野　細川は訳のわからんところから金を集めていた。

村上　東京佐川急便だね。

平野　そうそう。

村上　細川の奥さんは上田という姓なんだよ。私と不思議な縁があってね。私が大学を出て就職したのは銀座の表通りにある東洋紡のレスポワールというサービスステーション。その裏通りに東洋羽毛サービスという会社があったんですよ。羽毛の蒲団を販売してる会社でね。ここの社長は上田といって細川夫人のお父さんですよ。大陸的な大人《たいじん》の気風を漂わせている人で、よく人が店に集まっていました。
この会社の専務が私の大学の先輩だった関係でよく遊びに行っていた。そのときに上田社長からよく自慢話を聞かされましたよ。「うちの娘はね、ゴルフがうまくてね。細川家のお坊ちゃんと付き合っている」とね。そんな関係もあったもんだから、細川には非常に親しみを感じながら見てたんですよ。細川の選挙参謀の飯島清は私の朋友でしたしね。

平野　それで八党会派の政策つくるのにいちばん苦労したのが、社会党でしてね。

村上　そりゃそうでしょう。私は八岐大蛇と呼んでいた。

平野　その社会党との協議で一番揉めたのは原発でした。

筆坂　原発は揉めるわね、社会党とはね。

平野　小沢は社会党と同じようなこと言い出すんですよ、原発は要らないなんて。こっちはまだ自民党のシッポがあったから、冗談じゃないと中に割って入って、「それは違うって、我々の方針と違う」と。公明党の市川が笑っちゃってね、「おまえら何やってるんだ」と言うわけよ。結局市川に引き戻してもらった。やっぱり保守としては原発廃止をやられちゃ困るわけよ。私もみんなの前で小沢とやり合いやったんですよ。そんなことも今となりゃ、ある意味では微笑ましいというか、みんな安心するわけよ。

村上　みんな芝居だと思って見てたんじゃない（笑）。しかし僕はあれは苦労したと思うよ、あの八党立ての馬車をまとめるというのは。下手に鞭打ってあっちこっちにそれぞれ好き勝手に八ツの頭が暴走したらアウトだから。

細川記者会見に小沢感動

平野　いよいよ総理大臣指名の日になって細川が記者会見しました。その内容が政治改革を年度内じゃない、年内にやるというものだった。それができなければ政治責任取るっていう過激なものでした。それは武士の姿、武士の背後霊ですわな。山岸からすぐに電話かかってきて、「聞いたか」と。

村上　できるのかと。

平野　「下積みの人間がどれだけ苦労しているか。あんなパフォーマンスをやりやがって馬鹿野郎が。小沢にタガを締めろ、よけいなこと言わすなと言っておけ」と怒鳴りこんできた。私も同じ考えだったからその旨を小沢に伝えたら、小沢は興奮してて、「何！　あんたまでそういうこと言うのか」と言うわけよ。「当たり前じゃないか、われわれみたいな使い走りする人間がどれだけ苦労するかわからん。こういうものは歩留まりを考えて慎重に言わないかん」と言った。「いや違う。これでこそ細川を擁立した甲斐があった」って、目がうるうるになってるわけよ。それで僕がその背後霊の話をしたわけよ。小沢が怒ってねえ。

村上　あいつ二つの背後霊を持ってるって言ったわけ？

平野　そう。ところが小沢は「そんなことじゃダメだ。もっと人をちゃんと見抜かなきゃ」と言う。だから僕は「あんたが見抜いてこいって言ったんじゃないか」とやり返す。小沢はまた怒り出してね。「まだそんなことを言うのか、それじゃ自民党と変わらんじゃないか。もう自民党じゃないぞ」って。それで私はもう怒って飛び出したんですよ。

その通りでしょ。武家の顔になったり公家の顔になったりするもんだから、すぐ騙される。

筆坂　そうかね。僕は小沢の判断が正しいと思う。政治改革は、海部、宮澤と失敗を重ねてきたわけだから、歩留まりを考えずに正々堂々とやっていく手法が、自民党とは違う新鮮さを国民に与え、支持共感を呼んだと思うよ。

平野　組閣でいちばん揉めたのは法務大臣ですよ。先日、当時の法務省官房長だった則定衛(その後法務事務次官、東京高検検事長を歴任)と思い出話をやったんですけど、経世会出身の連中はロッキード事件や金丸事件などを経験しているから自民党に厳しい人物を法務大臣にしろっていうわけよ。それで小沢は細川から相談される。

小沢が偉かったのは、柄の悪いのを、きついのを法務大臣にしたところで法務官僚は言うことを聞かない。それよりも法務官僚に三人ぐらい大臣候補を民間から選ばせろ。それがいちばんコントロールできるっていうわけよね。

それで旧知の仲だった則定さんにそれを話した。飛び上がるほどびっくりしてましたよ。「いまだかつて歴代法務官僚に法務大臣の候補者出せって言われたことはない」って。後藤田法務大臣が「さすがだな」って褒めてくれた。それで東大名誉教授の三ヶ月章さんになった。

村上 田舎の爺さんのような風貌でね。委員会でいじめてやった記憶があるよ（笑）。

平野 いや、民事訴訟じゃ日本一の人ですよ。ところが後日、三ヶ月さんが創価学会の民事の弁護をやったことが報道されて、三ヶ月法相は創価学会の推薦だと言われて困りました。

村上 それにしても法務官僚から推薦させるというのは良くないね。そういうことをさせるから法務省は自己顕示欲のないタイプの大臣ほど喜ぶんですよ。後藤田さんは評価したというが、それは小沢の失敗だ。

第五章

亀井静香が明かす政権奪還秘話

脱走者相次ぐ自民党。最初は自棄のやんぱちだった

村上　今、政権交代の機運が盛り上がってきている中で、教訓にするために検証してみたいと思うのは、非自民の細川政権、羽田政権と続いてきた時に、ここから政権を奪還するために自民党は、社会党という本来なら水と油、両極の政党に働きかけて、社会党委員長だった村山富市を担ぎ出し、平成六年（九四年）六月、自社さ連立政権を作りあげた。今、政治とカネのこと、年金・医療などの社会保障のあり方、ますます拡大する格差、議員の優遇問題、対外的な日米関係だとか、もうすべて曲がり角にある日本の政治を新しくしていくためにも、かつてあっと驚いた村山政権を作っていった背景にどんな動きがあったのか検証してみたいと思うんです。そこで今日はそのとき裏舞台で活躍した亀井静香さんに来てもらうことにしました。

亀井さん、忙しいところありがとう。前にも話したけど今日は、ぜひ村山政権を作ったときの話を聞かせてもらいたいと思ってね。僕はまさしく今政権交代の機が熟してきていると思う。たらい回しじゃダメだよ。今の政権交代のバックグラウンドというのは、ちょうど亀井さんたちが細川（護煕）政権、羽田（孜）政権と小沢が作った非自民政権をひっくり返して、自社さ村山政権をつくった状況と似ていると思うわけ。だからそれを検証しようじゃないかと考えてね。どうしてあのときあなたが村山政権を作ろうとしたのか、どういう動きがあったのか、赤

裸々に話してほしいんです。

亀井 あれは自棄《やけ》のやんぱちでね、たまたま全部当たっちゃったのよ。

村上 小沢が相手だったからね。

平野 立派でしたよ。ああいうことはなかなかできない。負けましたから。

亀井 自棄のやんぱちなんだって。また今日も出た、今日も出たでしょ。みんな自民党から脱走するわけですね。森喜朗が幹事長で、私は組織委員長でしてね。

村上 寂しかったよね、自民党は。野党に転落した途端に、もう官僚も来ないし、陳情客も来ない。党本部は閑古鳥が鳴いてたからねえ。

亀井 みんな出ていくんだよ、とっとと。森と料理屋で飯食いながら、出るわ出るわ、今日も出た。「亀ちゃん、もう自民党はおしまいだ」なんて言うんだよ、幹事長が。だから僕は、「駄目だよ森さん。このままおしまいになってはしょうがないじゃないの。やるだけのことをやるしかないいんじゃないの」と言った。「やろうとは何か」と言うと、平成五年（九三年）一二月、細川内閣はウルグアイ・ラウンドで米の輸入自由化のための農業合意受諾を迫られていた。当然、社会党は抵抗するだろうと思ったので、そこに手を突っ込もうと考えたんだが、結局社会党は細川に付いたままだった。

まず夜陰に乗じて殿（細川）の首を取った

亀井　こうなってくると社会党を引っ張り出すなんてことは無理だと、野中さん（野中広務）が止めた。そこで「夜陰に乗じて城中に忍び込んで殿の首を取るしかない」と言ったら、「そうだけどそんなことできるのか」って森が言うから、もう私の人生でこのときだけやりたくないことをやった。私はね、人の首を取るのは嫌いだから。だけどしょうがないでしょう。どうしようにも社会党がくっ付いてくるんだから。それで、じゃあ、やろうということになった。

森はこういう局面になるとあんな男だけど度胸を発揮するね。「じゃあ、亀ちゃん任す」と言った。「じゃあ、党の金を俺が全部使いたいように使っていいか」と言ったら、「ああ、自由に使ってくれ」と。殿の首を取る、この一点に懸けた。それで偽装で松永光さんを会長にして、細川のスキャンダルを調べる調査委員会をつくったんだよ。そしてこれを表に出した。表には偽装の松永委員会を出しておいて、裏で亀井機関が動いたんですよ。

筆坂　へえ、自民党はやっぱり凄いことするんだ。

亀井　そうするとまず熊谷通産大臣（熊谷弘）、あいつは嗅ぎつけたかなんか知らんけど、私と長い間、行き来がなかったんだけど、「亀ちゃん、飯食おう」と誘ってきた。「おまえみたいな通産大臣が、飛ぶ鳥も落とさない、俺みたいな素浪人と食ったってしょうがねえじゃねえか」と言ったんだが、とにかく会ってくれと言う。しょうがないから飯を食うことにしたんですよ。そしたら熊谷が「亀ちゃん、助けてくれ」と言う。「助けるわけにいかない。なんで俺が。細川さんには、俺は兄貴の敵討ちをしなければならない事情がある」と言ったんですよ。

兄の知事選で細川に梯子を外されたことへの怨念

亀井 これには裏があるんです。歴史っていうのはちょっとしたことで変わるんだね。私の兄貴は今参議院議員ですけどね。兄貴は子どものときから夢があった人間で、政治家になって、知事になりたかった。それで県議もしたわけですよ。そうしたら兄貴の周りの県会議員どもが竹下虎之助の後の知事に出ろ、出ろと煽りたてた。本人も出たくてしょうがない。知事になりたくてしょうがない。それで県議にしたんですもの、私の地元で。その兄貴を五、六人の県会議員が取り囲んで出ろ、出ろと言う。本人も出たくってしょうがないわけですからね。

だけど俺は駄目だと言った。広島はもう宮澤さんの宏池会の天国だから。俺なんかの亜流が知事を担いだりしたら税金が来ないから駄目だって言った。落ちるに決まってるから。ところが兄貴の取り巻きの連中が煽ってね。地元の新聞なんかも虎さん（竹下虎之助知事）の後は亀井県議が出馬する見込み、などと書き出した。

だから私も覚悟決めたわけよ。「じゃあ、わかった。しかし自民党からじゃ出れないよ」と言った。宮澤（喜一）さんがうっかりしてるわけないんでね。竹下虎之助は宏池会ですから。

「こうなったらしょうがねえから、今の政権与党の統一候補として出るしかない」。細川政権ですよ、それしかなかった。

それでしょうがないから私は当時日本新党の、今年の北海道知事選挙で落ちた荒井聰が日本新党の幹事長役をやってたんですよ。ちっちゃな党だけどね。彼は私が昔可愛がっててね。だから「与党の統一候補で兄貴を出したい。もちろんそのときには俺は自民党を出る」と言った。「じゃあ、わかりました、やってみましょう」ということになった。

平野　荒井聰、血盟団の四元さんの娘婿。

亀井　さきがけの武村正義と親しかったから、彼にも話をした。民社党の大内さん（大内啓伍）、それから社会党にも話をした。こうやって裏であっという間に与党のOKをとったんですよ。

これは荒井聰がよく働いてくれました。じゃあ、出るということになって兄貴の出馬表明は荒井聰が書いてくれた。それを持って兄貴が県庁で出馬表明をやった、統一候補で出ると。県議も辞めて退路を断って。

そうしたら怖いことが起きた。竹下虎之助がそれまでよく思ってなかったわけですよ。亀井郁夫が知事選に出ると新聞に出ることが。俺の了解もなしに出やがってというので、官邸に電話を入れやがった、竹下虎之助はそういう男です。総理と親しかったのかどうか知らんけど。

村上　細川に？

亀井　そう細川に。細川がそれで、「じゃあ、亀井君を推薦しない」と言い出しちゃった。当時細川商店でしょう、日本新党だと言っても。あっという間のことですよ。統一候補として全部決めていたのをひっくり返された。だけど記者会見してるでしょう。もうどうしようもないから、県議も辞表を出しちゃってるしね。しょうがないから立候補して、負けるのが間違いないのに、無所属で、もちろん推薦団体なしの知事選をやったんです。

負けるに決まった戦い、共産党の気持ちがよくわかりましたよ。どんなにきついかね。それで負けちゃったんだけど、それで私はそのとき責任をとって自民党の組織委員長を一回辞めたんですよ。

そのことがあったから、熊谷に今敵討ちするわけじゃないよ。あのとき細川が違った対応をしてくれておれば、ひょっとしたら知事になってたかもしれない。なれなかったとしても恩義がありますからね、私は細川の首取りに行けないわけですよ。

平野　これは大変な秘話ですねえ。

亀井　だから熊谷に「そういうわけにいかないよ」って。「ただ、おまえ、こんな料理食わしてくれたから、まあ、おまえとの友情で、予算委員会には出てやるよ。しかし予算委員会で火達磨になって総理が辞めるのか、そうじゃなくて自分で総理を辞めるのか、それはそっちの自由だよ」と言って帰した。で、辞めたんだよ細川が。

平野　佐川急便の一億円は戻してたんですけどね。

亀井　いや、あれじゃない、あれじゃない。他の件だが、もう金庫にしまった。細川は辞めたんだからね。私は嫌いなんだ、ほんと言うと、こういうことをやるのは。

筆坂　もっとすごい裏があったんだ。

社会党野坂浩賢との密約

亀井　ただ、あのとき方法ないでしょう。だから夜陰に乗じてやった。これはまんまと成功した。それとねえ、私が鳥取県警に勤務（県警本部警務部長）してなきゃ、自社さ政権は生まれてないですよ。当時野坂浩賢は社会党の鳥取県議だった。それは謙虚でね、仲良かったですよ。

その野坂が国会議員になって、当時は社会党国対委員長だった。彼と平成五年（九三年）の十二月ごろ二人で飯を食った。そうすると「亀ちゃん、小沢が今度の改造では好きな大臣やれって言うんだ」っていうわけよ。だから、「おお、おまえ、よかったなあ、日の当たるところに出てなあ。おお、しっかりやれ」と言いながら二人で酒飲んで、あいつもけっこう飲むから。それで相当いい調子になってから、「ところでなあ、小沢みたいなファッショ野郎の子分になって、おまえさんは大臣になっていいよなあ」って言ってやったんですよ。そしたら、「何を、しょうがねえじゃないか。俺が決めるわけじゃない。しょうがない」と言う。「そう、そうか、まあ、まあええや、それは。じゃあ、今度浩賢さんよ、もし政権が崩壊をして、新しい政権をつくるときには俺と手を握るかい」と聞いてやったよ。やつはできると思ってませんからね、全然思ってない。それで暢気にあの野郎、酒食らった勢いで言いたいこと言いやがってと思っているもんだから、「おお、そりゃいいよ、亀ちゃんと一緒にやるんなら、これはもうやるよ」って、酒飲んだ勢いで言いやがったわけですな。

いや、私もうまくいくと思ってないんだから。全然思ってないんだから。そうしたら本当に引っくり返しちゃったでしょう。

村上　あなたはそのときは確信持って言ったの。できるとは思わずに。

亀井　思ってない。全然。ただ、お互い酒飲んで、その勢いで。「そりゃあ、亀ちゃん、好きなようにいいよ。別に俺は好きで小沢の子分になるわけじゃねえ」って向こうが言えば、「おお、そうじゃろう、おまえぐらいの男はなあ」って持ち上げたりしてたわけだ。

筆坂　瓢簞《ひょうたん》から駒だ。

亀井　そう。その後、平成六年（九四年）四月に細川が退陣する。そのあと羽田の首班指名直前になって新生党、日本新党、民社党などが社会党を除いて統一会派「改新」をつくるわけだ。これで社会党が離れていっちゃったわけでしょう。ここで野坂浩賢との話が生きてくることになった。

河野のミスで自社さ民政権が樹立寸前で挫折

亀井　細川が退陣したあと後継首班をどうするか、小沢は渡辺ミッチーとの提携を企図するんだよね。ミッチーもその気になってた。そういう状況の中で、実は我々は自社さ民の四党連立政権を模索していた。

夜十一時ごろだったなあ、高輪宿舎にたまたま衛藤晟一が来てた。その衛藤に「じゃあ、もう寝るか、おまえ、帰れ」って言ってたら電話があって、森からですよ。森って困ったときは全部俺に頼むんだからね、ほんとうに。それで「亀ちゃんミッチーが党を出ると言っている。党を出て小沢と組めば向こう側が勝っちゃう。これは大変なことになるんで、こちら側で今晩中にそれに対抗する政権構想つくらにゃいかん。うちだけじゃできない。社会党など他党を何とか先に取り込まなきゃならないけど、亀ちゃん頼む」っていうわけですよ。

幹事長のくせに自分がやるって言うんじゃないから、俺に頼むんだからな。夜十一時ごろですよ。しょうがないから、俺にできるかどうか知らんけど、ともかく手は打ってみるからと言って、赤プリ（赤坂プリンスホテル）に部屋を取らせた。それから野坂浩賢に電話して「今からちょっと相談がある。どうしても今日じゃないと間に合わないから来てくれ」と連絡を入れたんですよ。

それで私のベンツを野坂の宿舎に回して、それをどっかの新聞社に見られちゃったんだけど、新聞社は中身がわからんからフォローアップしなかった。だから彼らは書けなかった。それで野坂浩賢と岐阜の社会党の山下八洲夫。あの二人。こっちは森と私と桜井新と衛藤晟一、これが赤プリに集まったんですよ、十二時過ぎだった。私は、赤プリ備え付けの紙に大急ぎで六項目の政策協定案を書き、朝までかかって各党党首に電話で連絡をしあって話をつけた。

もうこれで、こっちは数じゃもちろん多数なわけだから。数でいくと勝てるわけですよ、こちらが。よしこれで政権ができたと。

じゃあ、次は誰を総理にするかなっていう話になったが、村山さん（社会党委員長村山富市）も、河野さん（河野洋平自民党総裁）も、みんな誰でもいいって言うんですよ。自分じゃなくてもいいって。そういう状況で電話で絞るわけにいかんでしょ。ただこれで誰であってもまとまると思った。こっちは最初から村山でいこうと思ってたけどね。そこで四党首が集まってリベラル政権樹立のための党首会談を開くことを決めたんです。そこで一斉にリベラル政権樹立宣言をぶちあげるという段取りをした。もう朝の六時過ぎですよ。

ああこれでうまくいったと思って高輪宿舎に帰って寝てたら、野坂浩賢が昼過ぎぐらいかな、電話をかけてきた。「亀ちゃん、亀ちゃん、マスコミは渡辺ミッチーが自民党を出るなんていうことを全然報道してないよ」って言うんだよ。

すぐ森に電話して、「どうなってるんだ。ミッチーが自民党を出るというから、こっちは党首会談やるということだったでしょう」と問い詰めたら、「いや、亀ちゃん、困ったことに河野が儀礼的に渡辺ミッチーに党を出るなと慰留したんだよ。そうしたらミッチーが『出ません』と言って慰留に乗ってきちゃった」って言うんだ。それで全部狂っちゃったわけよ。だから俺はもう何をやってるんだと。

平野 これは知られてない話だ。民社の大内委員長がおかしな動きをしているとの情報があったが、事実だったんだ。

村上 そのとき河野は知らなかったわけ。

亀井 いや、もちろん知ってますよ。毎晩、赤プリから報告してますよ。

村上 森から報告してるでしょ。

亀井 そう。

村上 河野は儀礼的に慰留しちゃった。

亀井 そう、あそこは儀礼的にでも慰留しちゃ駄目なんですよ。だから私は森に怒ったんだ。「何だと。今までのミッチーの行状だけでも騒乱罪にあたるじゃないか、反逆罪じゃないか」って。「除名にしてもいいのを慰留するなんていうのは何事だ」と。でもミッチーが乗ってきちゃったっていうから仕方がないって言うわけですよ。

村上 そのときは山崎拓らと一緒にやってたんだよ。

亀井 誰が。

村上 渡辺美智雄が。そのとき俺は中曾根派だから、慰留に努めたんだ。そういうこと知らなかったからなあ、全然。そう言えば、ニューオータニで小沢と渡辺ミッチーが秘かに山崎と一緒に会ったとかいう情報が飛んでいたよ。裏口の職員専用のエレベーターを使っていたとホテルの従業員から聞いた。

亀井 ところがある時点からミッチーは小沢と連絡がつかなくなってしまったのよ。それで心細くなってた。そのとき裏側では、やっぱり羽田で行くということが決まってて、反対に渡辺ミッチーが捨てられちゃってたわけだ。

平野 小沢はあのとき渡辺さんにこだわったけどね。全逓なんかが絶対乗らなかったんですよ。

亀井 そこで渡辺が、これは自分を担いでくれる可能性は薄くなったと判断しちゃったんだ。そんなところへ河野さんが慰留しちゃったから、渡りに船で党を出ません、となった。それですべてがパーになっちゃったわけよ。

平野 渡辺さんが細川政権に協力を申し出たのは、政治改革法案が成立した平成六年（九四年）の一月でしたよ。ミッチーさんの使いで山拓さんが何でもやりますからと言って官邸に来て。そこから小沢はミッチーさんとやってましたね。

亀井　裏側でやったんだけど、河野が要らんことした。だから自社さ政権はその第一幕があったから割と簡単にいったんです。

平野　基礎ができてたわけですな。

社会党左派取り込み――功労者は白川勝彦と伊東秀子

亀井　自社さ政権成立で一番の働きをしたのは自民党の白川勝彦と社会党の伊東秀子ですよ。どういうことかというと、当時の社会党衆議院は七三名です。その内の五二名が小沢と結んだんだ。残りが左派ですね。二一名が小沢とは嫌だと言ってた。そこにはもちろん野坂浩賢なんかも入ってるわけだけど。その中の一三名をキャピタル東急ホテルの私が取った部屋に集めて、そこで白川を入れて連日協議をした。社会党はもう一度小沢の子分になるのか。小沢と結ぶのか結ばないのかと。当時はまだ小沢にみんな負けてた。しかし白川が粘り強く協議し、賢明な譲歩もしてくれた。そういうことがあって、結局こっちと結ぶ腹を決めてくれたんですよ。

白川から電話かかってきてね、「亀ちゃん、今伊東秀子以下一三名が腹を固めてくれた」っていうんです。一三名の左派の若手が、「社会党が再び小沢一郎と手を組むという決定をするんであれば、新党を結成すると決めた」と言うわけ。「そうしたら亀ちゃん、俺もそれに入らんと格好つかん」って言うわけよ。そりゃそうですよね。彼は工作員でやってきたんだから。だから私も森に電話して、こうなったら白川も入れる、その新党と連立組もうと言った。彼らも自民党と組むという決断をしてくれたわけですから。

この動きをテコに野坂浩賢や社会党中央執行委員会に揺さぶりをかけたんです。彼らの動きがなければ、社会党のロートル連中だけでは、自民党と結ぶというまでの最終決断はしにくかったと思いますよ。

村上 そのときの大義名分は何ですか。亀井さんという自民党の極右と社会党が結ぶ（笑）。

亀井 村上さんに言われたくないよね。

村上 いやいや、社会党の極左と一緒の政権を作る。

亀井 簡単よ、リベラル政権でしょう。小沢のようなファッショ野郎に日本を任せるわけにいかんということをやったんだ。私は当時反小沢だった、徹底的なね。

村上 野中さんはどういう役割だったの。

亀井 野中広務、あれは表だけ。裏のことには関わってない。

平野 なんか自分がやったようなこと言ってたよ。

村上 そうそう。

亀井 ない。あれは予算委員会でやるだけ。裏の仕組みは一切関係してない。

村上　裏の仕組みはあなたと野中じゃなかったのか。それと野坂浩賢と。

亀井　いや、これは野中は違う。裏には一切彼は嚙んでない。

村上　なんか自分がやってるような顔してるじゃないの。

亀井　いや、一切嚙んでない。彼は表舞台なんだ。予算委員会でバンバンやる表舞台で、裏の仕組みには一切嚙んでない。主役は白川勝彦。だから白川勝彦は自民党の恩人ですよ。

筆坂　ほんとですね。白川勝彦と伊東秀子。

朝日新聞の中馬も力を貸してくれた

亀井　そう、この二人なんだよ。それともう一人言うと朝日新聞の論説主幹やっていて、いま信濃毎日の主筆をしている中馬清福さんが力を貸してくれた。というのは野坂浩賢が「亀ちゃんなんかと手を結ぶというのは、やっぱりそうは言うても」っていうわけよ。「俺たちはいいよ、亀ちゃん。これまで腹を割って、本音で勝負しようとやってきたわけだから。さはさりながら、やっぱりなんかで正当化できるような理屈、きっかけがほしい」と言うわけですよ。

それでいろいろ考えた。福本邦雄さんにも相談した。そして社会党の左派の連中が胸を張って手を結べるような仕掛け、表舞台が必要だということになって、何か勉強会みたいなものを若手にやらせて、そこで親自民じゃない人、自民党の色の付いてない人でしかも権威のある、どっちかというと左っぽい人に講師をお願いしようということになった。それを中馬さんに頼んだんですよ。

筆坂 それはもってこいの人選ですね。

亀井 それで私が中馬さんに会って、「社会党はあんなファッショ野郎と組んでいる。ここで自社で手を結んで自社さ政権をつくるんで、一つ知恵を出してほしい」と頼んだ。そうしたら中馬さんが「わかった、亀ちゃん、いいよ」と言って左派の連中の勉強会に講師で来てくれた。そこで中馬さんが、「あなた方は大局で決心したんだから、過去のことに囚われずにすべてを新しいリベラル政治を実現するために頑張るべきだ」という趣旨の話をしてくれた。これが大きな一つの錦の御旗になったんですよ。

総裁にも無断で、独断で社会党に村山首班を申し入れ

村上 そうすると亀井さん、とにかく小沢を潰す、倒そうということでリベラル政権構想ができたわけでしょ。そのときに自民党はもう閑古鳥が鳴いていたからね。早く自民党が政権の中に入っていかないと、脱落者が次から次へと出ていくという危機感が強かったよね。

亀井 日本の芯棒がなくなると思ったんです。だって日本の心棒は自分だとまでは言わんけども、われわれ自民党の中のおかしな奴もたくさんおって、脱走した奴もどんどんおるけれども、

だけどやっぱり自民党こそが日本を支えていく軸になってる。それがこのままでいったら丸裸になっちゃうんですよ。野党としても存在しなくなる。なくなっちゃう。だからそれを避けるためには、やはりここで政権の座に返り咲く。そういう面で小異を捨てて大同につくという決断をせにゃいかんと考えた。

村上　村山でもいいと、まとまれば。

亀井　うん、村山でも。

村上　わが党から出したらまとまらない。

亀井　そうそう。これは無理だ。うちも河野だし、絶対これは不可能だ。政策協定やろうが何やろうが。

村上　森もそういう気持ちはなかったでしょう。

亀井　森も「そうだよ、そりゃそうだな」と言った。ただ「これは河野には相談するな」と釘を刺した。前のことがあるから。これは党首会談なり、幹事長会談で自民党は村山を推戴するということを申し入れないかん、公式にどっかの場をお膳立てせんと。闇から闇にというわけにはいかないんでね。

そこで小里（小里貞利）国対委員長に、同じ鹿児島というツテを使って久保亘社会党書記長に申し入れをさせたわけですよ。ところが久保はわしの魂胆がわかっとるもんだから、「とにかく党首会談をやってくれ、党首会談だ」ということで受け付けんわけだ。彼には情報が入ってますからね。そういう場を作っちゃいかんと思ったんですね、頑強に拒否するわけです。どうにも取り付く島がない。

ところがここは小里が功労者なの。小里が騙したんですよ、久保を。騙したというか、こう言ったんです。「わかった、負けた。これはもう我々ではどうしようもない。社会党と手を握っていくなんてことはできない。だけどここまで来たら格好をつけてくれよ。俺の面子、国対委員長の面子も考えてくれよ。幹事長会談も、党首会談も設定できない国対委員長というのでは、俺も格好がつかない」と。

そこで勝者の久保は、「俺はもう勝った」と思ってるから。だから今度もそうでしょう。民主党は勝ったと思ったら落とし穴があるんだよ。勝ったと思ったから長年の友情、同じ鹿児島の仲。私と小里、久保は、私が鹿児島県警の監察官をやってたころ、天文館（鹿児島一の繁華街）で飲んだくれてた仲ですから、仲は良いんですよ。その友情で、「ああ、そうか、それなら党首会談は無理だけども、じゃあ、幹事長会談でいいか」と久保が言うから、「ああ、それでいい」と言って帰って来た。小里からその報告があったので、「よし、それでいこう」ということで幹事長会談をやることになった。

こんな話ですから自民党も、総務会も何もあったもんじゃない。そんなものはみんな飛ばして、党として正式に村山委員長を総理に推戴する、首班に推戴するということを申し込むことにした。

村上　森が言ったわけ？

亀井　いやいや。森は、「じゃあ、こんな重大なことだから河野総裁にちょっと了解取ってからせにゃいかん」って言うから、俺が森に「駄目だ」と言った。これは四党連立政権が失敗したという私の経験からの判断なんですよ。私はそのときに森に「そんなこと言ったら総裁は黙ってない。四党連立がつぶれたのは河野が要らんことをしたからじゃないか。儀礼的な慰留をしたからつぶれたんじゃないか。だからそんなことをしては駄目だ。こんなもの事後報告すりゃいい話だ。河野も気持ちは同じはずだ。同じでありゃ、了解を取ることはない。説得する必要もない」と。

時期尚早だとか、総務会にかけにゃいかんとか、ぐじゃぐじゃ、ぐじゃぐじゃ言ってたら、またパーになっちゃう。河野はそういうことを言うに決まってるから、絶対に駄目だ、あんた一人でやれって言ったの。

森のことをみんなは悪口言うけど、あのときはよく決断したよ。「わかった、わかった。じゃあ、そうしよう」って。それで野坂に連絡して、「うちは小里をつけるから、あんたも久保についてこい。一人にしちゃ駄目だ」と。野坂も「わかった、わかった」と言う。彼とは申し合わせてやってるわけだからね。「うまくいったからこれで勝負かける。そっちもちゃんと受けて、自民党から正式に申し入れがあったということで党内で処理してくれよ」ってことですよ。

そこでいよいよ会談になったわけですが、久保が「自民党としての正式のものですか」と確認する、それに対して森は、「もちろんそうです。党として正式に村山富市委員長を総理に推戴したい」とやっちゃったわけよ。久保も「じゃあ、社会党としてもそういうこととして受け取り、正式に機関に諮ります」と言った。小里が帰ってきて、「亀ちゃん、言った途端に森が目からポロポロ、ポロポロ涙を流した」と言うんです。独断でやっちゃったわけですからね。「幹事長、ようやった」って森を俺は褒めてやったんだけどね。

それでまた社会党の中の小沢嫌いの左派二一名を取り込むために、キャピトル東急に集まっていた一三名と会って、状況を報告した。彼らは自民党と結ばずに、小沢とまた手を結ぶという選択をするんであれば党を割るという決断をした。それをもって中央執行委員会を突破しちゃった。そういうことだったんです。

亀井、村上が現在の心境を和歌と俳句に

村上 いやあ、興味深い話をありがとう。亀井さん、あなたには死ぬまで、国のため、国民の

ために働きぬいて欲しい。本当にそう思ってますからね。あなたの役割は平成の坂本竜馬だ。あなたの活躍する場はこれからも何度も出てきますよ。

亀井　いやいやそんな大した男じゃない。

この前、私の今の感慨を和歌にして、二首詠みました。

国滅ぶ　前の宴に　諸人は　何を求めて　踊り狂う

友垣と　叫びし声は　届かねど　なお友垣と　叫び続ける

これが今の私の心境です。

村上　うん。亀井さんの今の思いが伝わってきます。でもあきらめないで頑張って欲しい。亀井さんはまだまだ国のために貢献しなければならない人だからね。

実は僕も、俳句を二首詠んだ。一つは、七五歳の誕生日を前にして、隅田川の花火大会で、もう一つは屋久島に行った際に詠んだものです。屋久島とは縁があってね、ご存知のように屋久島には樹齢七二〇〇年と言われる縄文杉をはじめとする屋久杉が生い茂っています。ところが戦後、営林局により大量伐採され、原生林が壊滅の危機に陥っていたんです。私が参議院議員に当選して一年目の時でしたが、「なんとか食い止めてほしい」という陳情を地元の方々から受けましてね、予算委員会で取り上げたり、農水大臣と現地視察をやるなどして、遂に伐採計画を中止させたんですよ。

また、当時、屋久島には病院がなく、総合病院の誘致・建設運動があった。ところが厚生省のベッド数制限の基準があって挫折しかけていた。そこで「自然の生命あふれる屋久島で、住民の生命が大事にされないのは許しがたい」と言って、特別枠を認めさせたんです。

今年の八月、その屋久島で「十周年記念式典」があり、「屋久杉を守るために、病院を作るために貢献してもらった村上先生を呼ぼう」ということになって、招待されて行った際に詠んだものです。人それぞれの思いで解釈していただければ、幸いです。

大花火　一期一会の　えにしかな
空も海も　島も朝焼　砂の音

平野　亀井さんとは、小渕政権のとき自・自連立の主役で、極秘交渉をやったもんです。今日はさっぱりして、達観っていうか悟った顔をされているが、これからも大活躍してもらわなくては。

亀井　いやいや、もうだって「あんなファッショ野郎の小沢の下でこの日本どうするんだー」ってあのときやってたんだからねえ（笑）。

毎年二度、福田赳夫、安倍晋太郎、中川一郎の墓前に

村上　亀井さん、あんた、安倍さんがブッシュとたった二人で話し合ったテロ特措法の延長問

題を国際公約だなどと言って、出来なきゃ総理を辞めるとまで言ってしまった。あんな馬鹿なことはないでしょう。どう思う。

亀井　だから僕《しもべ》が御主人のおっしゃるとおりのことができなかったら、僕、辞めます、ということでしょう。

村上　そういう感じだよね、これ。

亀井　簡単ですよ。

村上　しかし、そんな日本の国にしとくわけにはいかんでしょ。

亀井　いかない。ただ、私は晋三には個人的にはやっぱり愛情がありますからね。私は、毎年盆と暮れに二度福田赳夫先生、安倍晋太郎先生、中川一郎先生の御仏前参りをしてるんです、毎年二回ずうっと。

だから今年も御仏前で手を合わせて、私なりの感慨を抱きながら手を合わせたんだけど、終わった後、洋子夫人（安倍晋太郎夫人）がおられたんで、「奥様、ちょっと晋三総理に伝えてやってくれませんか。私が彼を助けるわけにいきません。助けることもできないし、助けるわけにもいかない。しかしこれだけは伝えておきたいんです」と言って靖国神社への参拝問題についての話をしたんです。

それはこういうことです。私は靖国神社への総理の参拝はこれは当然やるべきだし、やっていくんだという方針ですが、たとえていえば奥さんが隣近所とのつきあいをしていかにゃいかんのに、隣近所の嫌がることや喧嘩を主人がやったんでは、女房子どもが近所づきあいができなくなる。やりたくても隣近所との理解ができるまでは控えるというのが一国の総理としての立場だろうと思って、私は今まで総理は参拝すべきじゃない、と言ってきた。けど私は今は違う。隣近所との関係も大事だけど、日本自体が、我が家庭の中がおかしくなっちゃった。日本人の精神状況がひどい状況になってしまった。隣近所のことを言っている場合じゃない。我々日本人がしっかりせにゃいかんというこのときには、総理はやはり毅然として、堂々とお参りをしていただきたい。またそのことが晋三総理個人にとっても現時点においては政治的にプラスになると思うから、このことを私が言ってたということを伝えて下さいと言ったんです。ところが知らん振りですな。

情的には、私は晋三をかばいたい気持ちはあるんだけど、もういじめられっ子になっちゃったね。それはブッシュの可愛子ちゃんになろうとするからそうなっちゃうね。

村上 だから北朝鮮に対する安倍政権のスタンスまで変わってくるわけだよ。得意技のはずでしょ、北朝鮮外交は。ところがこれで彼は足をすくわれていくんですよ。

亀井 だってもう完璧に拉致問題切り離されちゃったでしょう。

筆坂 そうなんですよ。

村上　拉致は北朝鮮と二国間で、真剣勝負をする気概をもってやらねば解決しません。アメリカや他国に依存しすぎると進展しない。自力で何とかしようとする日本の姿勢を示すべきだ。北朝鮮は捨て身で来ているんですよ。日本の逃げ腰で他力本願では勝負にならない。

亀井静香の政界再編論。自民党の中から引っ張り出せ

亀井　小沢さんが政界再編、再編言ってますけども、やっぱり一つここで理念とまで言い出すと難しくなるけども、政策で大連合を起こすしかないですよ。だって衆議院と参議院とのねじれ状況は、今後六年は解消できないですよ。だからその場合現実的に言って、じゃあ、軸足をどうするかとなると、解散のできる衆議院じゃなくて、解散のできない参議院に軸足を置いた政策でないと、これはまとまらないっていうことですよ、簡単に言ってね。

こんなこと言っても仕方がないんだが、ほんとは私がイニシアティブを取ってやろうと思ったんだけど、国民がさせてくれなかったから、小沢に取らせるしかないでしょう。小沢がイニシアティブ取って、参議院に軸足を置いてるところがイニシアティブを取って、政界再編をやるしかない。もっと簡単に言うと、自民党の中から引っ張り出すしかないんです。だから自社さ政権の逆をやるしかないんです。

村上　今話を聞いていて、大きく政局が動く、政権交代のときにはそれなりの人材がいなきゃ

ならんっていうことですね、役割を担っていく役者が。それと人間関係の重要性ですね。ちょっとしたことがきっかけで人間関係が壊れる、あるいはまた密接になっていくという、そのちょっとしたっていうことが神意だと僕は思うんだね。やっぱりそういう神の計らいがそこに働くから、人間知じゃない偶然と必然がある。そこを人間知で計ろうとしても計れないんです。偶然というものが働いて、人と人との関係、人材の出現、神の意志、そういうものが働かなけりゃ大きな政権交代という流れができていかないんじゃないのかなと、今の話を聞いていて思った。

細川さんが、亀井さんの兄の郁夫さんの知事選出馬で梯子をはずしたことも、亀井さんが鳥取県警や鹿児島県警に配属されていたというのも偶然だし、そこで野坂浩賢や久保亘とも旧知の仲だったということもそうだ。白川勝彦や伊東秀子が活躍したことなど、私でさえ知らなかった。やっぱり偶然が重なってるわけだね。

平野 政策中心に再編する以外、いまの政治は救いようないです。

村上 いや政策なんていうのは後で取ってつけたことでしょ。リベラルなんて。いずれにしても日本は今、四方八方塞がり、ドン詰まりのところに来ている。まずそう認識する必要がある。

亀井 私はリベラルだよ。

平野 いやいや、それも要るんですよ。取ってつけたものも要るんですよ。

村上　日本は人道主義を高々と掲げるべきだ。

亀井　今の民主党側は、もうちょっと自民党サイドに工作かけなきゃ駄目ですよ。勝った、勝った、参議院で勝ったといったって、衆議院をこちらで取るということを考えていかないと、やっぱり駄目ですよ。

村上　自民党は自壊作用が進んでるんじゃないの、今。

亀井　自壊作用といっても、どうなるかわからん。だから自民党サイドからこちらへ取っておくということをやらにゃ駄目ですよ、具体的に。それをやらないで放っておいて、自民党は自壊して次の選挙で負けるだろうって言ってるけど、それわからんですよ。

筆坂　ほんとうわからん。

平野　神のみぞ知る。

民主党も、共産党もしっかりせい

亀井　それと俺はさっきも志位（和夫共産党委員長）に、「おまえたちはしっかりせぇ」って言ったんだけど、「今はマルクスの時代に入ってるんだよ、わかってるのかい？」って言うたんだ。今は帝国主義時代に入っちゃってる、世界的にも。その流れが今の日本で起きてるという話であって、容易ならざる事態だ。まさにマルクスの出番じゃないか、とね。ところがそういう時に、「おまえたちは何だ」ってね。
　今度馬鹿みたいなことをやってるでしょう。小選挙区で全区には立てないと。まあ、それはそれでいいんです。立てないほうがいいんだけど、だったら小沢に対して、民主党に対してそのことをテクニックとして使わん馬鹿がいますか。そうでしょう。

筆坂　さっきそのことを話してたんですよ。

亀井　それをやらんで差し上げますっていう話でしょう。今社民党の連中にも言ってるんだけど、民主党との緊張関係をどうするかということをね。民主党も我々をどう使うかっていうことは、考えなきゃいかんことですから。だから我々がまとまって民主党に対抗するぐらいのことをやらないと駄目だぞと言ってるんです。最近の民主党はちょっとのさばってきたから。小沢にもこの間言ったんだけど、そこのところをちゃんと考えないといかんよ。勝った、勝ったとはしゃいでいると次の衆議院選挙ではわかりませんよ、と。

平野　民主党の体質に官僚的なものがあり、形式論だけで対応する傾向がある。民主党の力でなく、仕方なくて国民は民主党に投票したことを自覚すべきだ。

亀井　だらけてる。山岡（国対委員長）なんかが国民新党が統一会派を結ばんのなら、郵政見直し法案を民主党は協力して出さん、なんてぬかしやがったっていう。だから小沢に言ったの。「そんなことを山岡なんかがぬかしとっていいのかい？　それならそれで結構だ」って言ったの、僕はね。だってね国民新党が推薦しなかったら、民主党で当選しないのが今度の参議院選挙と同じように、いっぱい出てきますよ。

平野　小沢代表によく伝えておきます。

亀井　いっぱい出てくる。五千、一万の差で勝負になってくるわけでしょ。だからそのことを考えないで、小政党なんか誰でもついてこい、ついてこいみたいなことをやってたら、おしまいになっちゃいますよ。だから今村上さんがおっしゃった、ちょっとしたことで崩れていくもんですよ。もっと言えば国民新党は、何も民主党と結ばにゃならんという理由は一つもないんですから、ほんとに。

平野　ないない、状況変わってきてる。

亀井　全然ないですからね。もっと怖いのは、アメリカのＣＩＡを含めて、アメリカの力ですよ。テロ特措法の問題でぐうっと圧力が加わってきたでしょう。いろんな手を回してくるわけですから。そういうことの中で特措法を政局に使うというのは、相当な力が要りますよ。

筆坂　そうでしょうねえ。

亀井　そのことを小沢がほんとに自覚してるのかどうか。表面的には強気なことを言うでしょう。「アメリカの言いなりにはならない」などと。それはいいんだけど、私も同じだけどね。それならそれなりのことを、ちゃんとしておかないと。たとえば自民党の中にだって加藤紘一とかいろんな長老がいるでしょう。そういう連中に裏から手を回しながら、特措法自体について自民党の中から反対をさせるぐらいなことをしなきゃ駄目ですよ。いるんですよ、自民党の中にだって。だって加藤はイラク戦争に堂々と反対したんだから。

そういう連中が谷垣派を中心におるわけですよ。加藤紘一を含めて何人かおるわけでしょう。山崎のとこだっているわけですよ。そういう連中に対してきちっと裏で手回しして、特措法反対は何も民主党だけじゃないよというようにしていかないと。

村上 今逆だもん。民主党の中に手を突っ込まれようとしている。

亀井 彼らだって必死になって民主党の中に手入れてくるわけだからね。だからそこらの危機感をもたないとね。

政権交代の背景にある国際情勢

平野 亀井さんの話を大変興味深く聞きました。初めて世に出る話が満載でした。私は自社さ政権の反対側にいたから、そっちの状況は、亀井さんの話でよくわかりました。

私は非自民細川政権側にはいましたので、こちら側からの細川退陣の裏話をしておきたいと思うんです。

筆坂 それはありがたい。

平野　私が知り得た情報です。細川に直接聞いた話なんですが、細川は自社さ政権をつくったキーマンの一人は武村正義だという見方でしたね。非自民政権ができるとき、心の奥では武村は自分が総理の座につけると思ってたわけですよ。だが小沢は細川を据えた。私が内田健三にちらっと武村を匂わせるようなことを言って騙したような結果だったかもしれませんが。細川は自分の政権が倒れたあと振り返ってみて、細川内閣が成立した日から官房長官の武村は倒閣を考えていた、と私にはっきり言いました。

武村というのは大変野心的な政治家でやり手ですわな。自民党では亀井静香、野中広務でしょう。それから社会党では野坂浩賢、山口鶴男、こういう人たちは絡んでいたと思いますよ。

平成六年（九四年）、細川が辞めて羽田になった。このとき社会党が政権からはずれていく契機となったいわゆる「改新」騒動っていうのがありましたよね。ここで民社の大内委員長の動きが疑問だったんですが、亀井さんの話で大内さんが自社さと関係していたことがわかりましたよ。少数与党内閣になった羽田政権は、解散もできずに内閣総辞職に追い込まれる。そこで次の政権は、海部を担いだ新生党、日本新党、民社党と村山を担いだ自民党、社会党、さきがけの争いになって、村山が勝つわけです。その年の暮れにテレビ朝日の政治特別報道で自社さ政権ができた背景を報道したんですよ。そのときに亀井さんが平成五年、細川政権ができた暮れから自社さ政権をつくる下話を始めてたことを証言するんですよ。その際、社会党の久保書記長が、それが事実なら政治責任をとると発言しますが、芝居だったんですね。われわれは全然知りませんでしたけどね。

だから自社さ政権っていうのは細川政権ができた直後からもう始まってた、その工作は。だから細川さんのいう見方、細川内閣が成立したときから官房長官である武村は、自分を倒閣しようとしてたよ、という細川さんの見方は僕は正しいと思いますね。

村上 私なんか村山を担ぎ出す工作が水面下であったなどというのは、まったく寝耳に水でしたからね。

平野 私は北朝鮮情勢の変化も影響していたと見てるんです。北朝鮮の核問題が。だから村山政権ができたのは六月一六日にカーターが訪朝して金日成とトップ会談をやって一触即発の危機を回避した、その直後の六月三〇日ですからね。結局カーターは騙されるわけだけど、そういう北朝鮮がもう危なくないという前提があったから村山内閣ができたんですよ。一触即発の状況であったなら社会党委員長を首班にした政権は絶対にできなかったと思いますよ。

村上 なるほど、十分あり得ますね。

筆坂 平成六年（九四年）の北朝鮮核危機ですね。『正論』（二〇〇二年七月号）に「細川首相退陣の引き金は『北朝鮮有事』だった」というコラムが掲載されていますね。平野さんの話と符合するんですよ。このなかで細川が「北朝鮮が暴発すれば、今の体制では何もできない。これは私が身を捨てることで社会党を斬らなければ駄目なんです。それで地殻変動を起こす」と語ったことが紹介されている。真偽はわかりませんが。ただ当時の社会党と北朝鮮の関係というのは容易ならざる深いものがありましたからね。

平野　非常に興味深いのは、今北朝鮮の状況が当時と似てるっていうことですよ、一方でテロ特措法及び自公政権の非常に不安定な状態がある。他方、六カ国協議では米朝が接近し、日本は手をこまねいている状態がある。

村上　米朝国交正常化作業部会の報道などを見ているとテロ支援国家からの指定解除の動きが強まっているように思える。日本はそれに対して抵抗はしてる。現実に日本国民が拉致されているんだから。しかしアメリカは表向きはともかく、腹の中では真剣に考えてない。アメリカは何と言っても自分たちの戦略を最優先させますから。

平野　アメリカの資本なんかもう北朝鮮の資源に対して手を付けてますからね。レアメタルの取得権なんかを。北朝鮮がこれからの大きな投資市場だと見ているんですよ。だから羽田政権のときと性格は違うけれども国際情勢に似ているところはあるんです。

村上　政権交代っていうのは国内の力関係だけでもいかないんですわな。グローバル化された国際情勢の中で、ことにアメリカとの関係がありますから。アメリカの見えない手に左右されていることを忘れてはなりません。

自民党の順送り総理は福田を最後にしてもらいたい。政界再編は既成政党の離合集散であっては意味がありません。従来の既得権益をきっぱりと切り捨て、志を立てた者が自ら堂々と旗を立てるべきです。

新鮮で瑞々しく、エネルギーに満ちた、逞しい気力をもった政治家の登場を期待したいね。そして六分の俠気、四分の熱を備えた新しい人材を糾合し、選挙の洗礼を受けて政権を獲得する。これは夢だけど、「出でよ！ 彗星のごとき救世主」と言いたい。そうでないと、日本国は本当に他国の属国になり下がってしまいますよ。

私は大連立が回避されたことを率直に喜んでいる。村上さんが指摘されているように、やはりそれは邪道であり、権謀術数では政権交代可能な二大政党体制など出来ないと考えるからだ。この大連立騒動が収まったからといっても、政治の波風が治まったわけではない。守屋武昌前防衛事務次官と軍需専門商社との癒着《ゆちゃく》、薬害C型肝炎をめぐる厚生労働省の言語道断の対応、防衛省によるテロ特措法のデタラメな運用の発覚、どれ一つとってもゆるがせにできない大問題である。

私が注目するのは、これらの問題への国会の対応である。明らかに国会の対応はこれまでと違ってきた。たとえば、守屋前防衛事務次官の証人喚問が、問題発覚後、早々と決まった。政府・与党内からも彼をかばう発言をまったくと言ってよいほど聞かない。希有《けう》なことである。もちろん守屋氏と商社の度外れの癒着がその根底にあるが、政府・与党もけっして他人事ではないはずだ。彼を事務次官に据えてきたのは、他ならぬ自民党、公明党政権だからである。

薬害C型肝炎をめぐる厚労省の対応でも、そのずさんさ、無責任さ、人命軽視ぶりが一気に暴かれてしまった。

言うまでもなくこの変化は、参議院で野党が多数を握ったからである。官僚組織と癒着してきた自公与党が多数を握っていたならありえない変化である。「衆参ねじれ現象」ということが、往々にして否定的な響きをもって使われるが、私はまったくそうは思わない。「ねじれ」大歓迎だ。

民主主義というのは、人類の叡知《えいち》であると同時に、完全なる民主主義というのもあり得ないと考えるからだ。本書の中でも平野貞夫氏が、「どの国でも民衆が選挙をやって正当で、適切な政権を選べるわけがない」という発言をしている。言わんとするところはおわかりいただけるであろう。すべての人々が同程度の知識や教養、情報を持っているわけではない。政治への関心度も違う。利害も違う。政治どころではない人々も少なくない。我々の民主主義というのは、この現実の上に立脚している。もちろんそれは虚構ではないが、おのずと限界性を持っている。

それは選挙によって作られる政権も同様である。一つの例をあげよう。二〇〇五年の解散総選挙は、郵政民営化、是か非か、というシングルイッシューで戦われ、小泉政権与党の自民党、公明党が大勝した。後を継いだ安倍政権は、この多数派を背景にして、教育基本法や憲法改正のための国民投票法案を強行可決していった。これだけの重要法案が、国民にその是非を問うことなく成立していくことが、果たして民主主義の道理に適《かな》っているのであろうか。もちろん我が国が、直接民主主義を採用している国でないことは百も承知している。ここで言いたいのは、完全な民意の反映などあり得ないし、完全なる民主主義もあり得ないということである。

まさにその欠陥を補うのが政権交代である。それだけに、その国に政権交代があるか、否かが、民主主義が担保されているかどうかの一つのメルクマールになる、と私は考える。「ねじれ」がノーマルだとは思わないが、過度期の避けがたい現象でもあるということだ。選挙で政治が変わり得るということを実感した意味はけっして小さくない。それは国民にとってだけではない。政党にとってもそうだ。

国民が期待しているのは、自民党、民主党の龍虎《りゆうこ》の激突である。観衆としては、これほど面白いものはない。しかもこの激突の雌雄を決するのは、自民党でも、民主党でもない。観衆である。観衆こそが実は主役なのである。

さて三人の鼎談集は、これが二冊目である。一冊目は『参議院なんかいらない』（幻冬舎新書）であった。幸い好評を得て五万部を突破した。今回は、村上正邦さんならではの政権の危機管理のあり方、総理を狙う者の心得など、興味深い話が随所で披露されている。また五五年体制の唯一の例外だった細川非自民連立政権や羽田政権の樹立に直接関わった平野貞夫さんからは、その裏話、秘話が語られた。いくつかの新事実も含まれている。

そして何よりも亀井静香さんに飛び入り参加していただき、細川政権をどう打倒していったか、どう村山自社さ政権を作り上げたか、いままでまったく知られていなかった文字通りの秘話を明かしていただいた。自民党の大幹部であった村上さんですら知らなかった秘話である。貴重な話をしていただいた亀井氏には、ただただ感謝を申し上げたい。

私が日本共産党を離党してから、早くも二年余が過ぎた。離党していなければ、村上さん、平野さん、亀井さんとこうした忌憚のない話をする機会は持ち得なかったであろう。三人とも実に魅力あふれた人たちである。

村上さんと言えば、多くの人が強面《こわもて》の政治家、右翼的政治家という印象を持っているだろう。その面も否定はしない。だが私がこの間の付き合いで感じたのは、まったく違うものだった。弱い人々、困窮している人々への実に素直で優しい眼差しである。そこには何の衒《てら》いもない。右翼的と言われるのも多くの誤解がある。村上さんの言葉を借りれば、社稷《しゃしょく》、すなわち土地の神の「社」、五穀の「稷」を大事にしたい、日本古来からの共同体の姿を大切にしたいという思いだけなのである。ここにもやはり何の衒いもない。事実、この眼で村上さんの政治経歴を概観すれば、この二つのことを貫き通してきたことがよくわかる。

平野さんは、率直に言ってけっして話が上手な人ではない。いつも口をとがらせて熱っぽく語ってくれるが、その時には理解できないことも少なくないのである。だが別れてから「何が言いたかったのか」とじっくり考えていると、はっと気がつき「そうだったのか」と思わされることが度々ある。もう少し具体的に述べよう。平野さんの話は、いつも極端なことを話しているかのような印象を最初は受けてしまう。先に引用した「民衆の選挙」のこともそうだ。まさに本質を抉り出しているのである。そして村上さんと同じ特徴がある。それはやはり何の衒いもないということである。

亀井静香さんも素直な人だと思う。本書でも紹介した歌を読めばよくわかる。亀井さんの心境がわかると同時に、何かしら悲しい、寂しい気持ちに襲われてしまった。自民党の諸氏は、是非この本を読んで欲しい。亀井さんに足を向けて寝られないはずだ。亀井さんが「人の首を取るのは嫌いだ」という話を聞き、思い出したことがある。私が共産党政策委員長だった時代、何人もの自民党政調会長とテレビの討論会で度々激突した。だがただの一度もアンフェアないわゆる「反共攻撃」というものをしたことがなかったのが、唯一亀井さんだった。やはり器が違うのである。

さて大先輩三人に対して、私ごときが勝手に批評めいたことを書いてしまったが、私の率直な思いである。ご無礼をお許しいただきたい。ただ私は、この三人との巡り合いに本当に感謝している。その感謝の大きさを上手くは表現できないので、村上さんに倣《なら》う。合掌。まったくの私事で恐縮だが、最近、テニスを始めた。良い仲間に恵まれて実に楽しい。気持ちは「目指せ！ ウインブルドン」だ。時間があればゴルフも始めたいと着々と計画を練っている。もちろん遊びだけではない。五九歳の私にとって、「今」というのは、何でも挑戦できる最後の時間だと思っている。この時間を大切にして自由闊達に生きていきたいと願っている。こんな境地になれたのも三人の先達のおかげである。

最後になったが、二冊目の鼎談本の出版を快諾していただいた幻冬舎と編集を担当していただいた志儀保博さん、大島加奈子さんに心から感謝申し上げたい。

二〇〇七年一〇月末

筆坂秀世

著者略歴

村上正邦《むらかみまさくに》

一九三二年福岡県生まれ。拓殖大学政経学部卒業。玉置和郎議員の秘書を務めた後、生長の家政治連盟本部で活動。八〇年に参議院議員に初当選。国会対策委員長を経て、宮澤改造内閣で労働大臣として入閣。その後、参議院自民党幹事長、議員会長を務める。野党にも及ぶ政治的影響力から「村上天皇」との異名をとった。KSD事件により二〇〇一年議員辞職。

平野貞夫《ひらのさだお》

一九三五年高知県生まれ。法政大学大学院政治学修士課程修了後、衆議院事務局に就職。衆議院議長秘書などを経て九二年、参議院議員初当選。自由民主党、新進党、自由党などを経て二〇〇三年民主党に合流。議会運営と立法過程に精通する唯一の政治家として高い評価を得る。〇四年、政界引退。『昭和天皇の「極秘指令」』(講談社+α文庫)など著書多数。

筆坂秀世《ふでさかひでよ》

一九四八年兵庫県生まれ。高校卒業後、三和銀行に就職。十八歳で日本共産党に入党。二五歳で銀行を退職し、専従活動家へ。日本共産党国会議員秘書などを経て九五年、参議院議員初当選。「共産党のナンバー4」として国会論戦で指導的役割を担ってきた。二〇〇三年に議員辞職。共産党離党後出版した『日本共産党』(新潮新書)はベストセラーとなる。

幻冬舎新書 066

自民党はなぜ潰れないのか
激動する政治の読み方

二〇〇七年十一月三十日　第一刷発行

著者　村上正邦＋平野貞夫＋筆坂秀世

発行者　見城　徹

発行所　株式会社　幻冬舎
〒一五一-〇〇五一　東京都渋谷区千駄ヶ谷四-九-七
電話　〇三-五四一一-六二一一（編集）
〇三-五四一一-六二二二（営業）
振替　〇〇一二〇-八-七六七六四三

ブックデザイン　鈴木成一デザイン室

印刷・製本所　株式会社　光邦

GENTOSHA

Printed in Japan　ISBN978-4-344-98065-5 C0295
む-1-2

幻冬舎ホームページアドレス　http://www.gentosha.co.jp/
*この本に関するご意見・ご感想をメールでお寄せいただく場合は、comment@gentosha.co.jp まで。

幻冬舎新書

村上正邦　平野貞夫　筆坂秀世
参議院なんかいらない

庶民感覚に欠け平気で嘘をつき議員特権にあぐらをかく政治家が国家の舵を握っている。参議院の腐敗が国家の死に体をもっとも象徴する今、政治がおかしい原因を、政界・三浪人が大糾弾。

浅羽通明
右翼と左翼

右翼も左翼もない時代。だが、依然「右―左」のレッテルは貼られる。右とは何か？　左とは？　その定義、世界史的誕生から日本の「右―左」の特殊性、現代の問題点までを解明した画期的な一冊。

橘　玲
マネーロンダリング入門
国際金融詐欺からテロ資金まで

マネーロンダリングとは、裏金やテロ資金を複数の金融機関を使って隠匿する行為をいう。カシオ詐欺事件、五菱会事件、ライブドア事件などの具体例を挙げ、初心者にマネロンの現場が体験できるように案内。

手嶋龍一　佐藤優
インテリジェンス　武器なき戦争

経済大国日本は、インテリジェンス大国たる素質を秘めている。日本版NSC・国家安全保障会議の設立より、まず人材育成を目指せ…等、情報大国ニッポンの誕生に向けたインテリジェンス案内書。